中国古代传统美德经典故事丛书

绘图礼节经典故事

邓启铜 注释

东南大学出版社
SOUTHEAST UNIVERSITY PRESS

图书在版编目（CIP）数据

绘图礼节经典故事／邓启铜注释. —南京：东南大学出版社，2015.9（2020.6重印）
（中国古代传统美德经典故事丛书）
ISBN 978-7-5641-5925-2

Ⅰ.①绘… Ⅱ.①邓… Ⅲ.①品德教育-中国-青少年读物 Ⅳ.①D432.62

中国版本图书馆 CIP 数据核字(2015)第 169096 号

绘图礼节经典故事

责任编辑 彭克勇
封面设计 林绵华
出版发行 东南大学出版社
社　　址 南京市四牌楼2号　邮编：210096
出 版 人 江建中
网　　址 http://www.seupress.com
印　　刷 石家庄继文印刷有限公司
开　　本 787mm×1092mm　1/16
印　　张 12.5
字　　数 250千字
版　　次 2015年9月第1版
印　　次 2020年6月第2次印刷
书　　号 ISBN 978-7-5641-5925-2
定　　价 24.80元

前言

中华优秀传统文化是习近平总书记十八大以来治国理念的重要来源。一个国家一个民族的强盛总是以文化兴盛为支撑的，没有文明的继承和发展，没有文化的弘扬和繁荣，就没有中国梦的实现。

目前，举国上下都在践行社会主义核心价值观，即“富强、民主、文明、和谐、自由、平等、公正、法治、爱国、敬业、诚信、友善”，就其本质，与我们中华传统美德提倡的“四维八纲”即“孝悌忠信，礼义廉耻”是一致的。

民国初年，湖州老儒蔡振绅从小受父亲每晚讲一段古人嘉言懿行的故事教诲，他七岁读完《四书》，十岁读毕《五经》，十一岁读完二十一史及《尔雅》诸书，有深厚的学养和德行。当时中国动荡不安，世风愈下，德教沦丧。蔡振绅先生立志将中国传统美德故事按“孝悌忠信，礼义廉耻”汇集起来教化世人，特别是对孩童进行传统美德的教育。他找到志同道合的朋友，以正史中的故事为依据，共集了七百六十八个精彩故事，配上精美版画，再配以诗词教导儿童，这些故事都是精挑细选，可歌可泣，读后感人至深，每则故事后引用当时贤达人士的评语，发人深省。

由于当时时局的动荡，这套《八德须知》未能在社会上广为流布。根据四集自序，当时上海战事忽起，“振绅以二集三万二千部仅寄出三分之一，其已印就而尚未装订者有二万余部在战场之中无法取出……当炮火最烈之日，案前墙垣被震摇动频有崩圮之虞，甚至窗门自动震开，且相离数丈之地发现炸弹一枚亦未爆裂，幸此心未动……。”可以想见此书之不易！所幸三年前我收集到此书，看到如此精美的版画，我惊艳无比！特别是读到这些经典美德故事，让人掩卷沉思。

弘扬优秀中国传统文化，移风易俗，拯救社会道德滑坡，必须从德育教育抓起。必须从中小学少年儿童抓起，这些美德故事，分为孝、悌、忠、信、礼、义、廉、耻八个方面，各九十六则经典故事，这些故事都是历史上耳熟能详的、感人肺腑的典故，少年儿童从小熟悉这些故事，不但可以将中华传统美德植根于内心，更可以熟悉历史，从而受益终生。当然，囿于作者当时所处的社会，他所选取的故事有些明显带有局限性。在今天看来，有些虽符合传统道德标准，却违背了人性，甚至是违背了法制精神。我们在阅读时，一定要注意取其精华弃其糟粕，才符合当前弘扬优秀传统文化的精神。

这些故事，每段仅有八十余字，非常适合少儿阅读，译者注释和翻译了全文。因涉及面太广泛，有些人名、地名未能查到，有些是原书中存在的错误，特别是地名的变迁，非常复杂，来不及细考。书中存在的错讹，敬请读者不吝赐教，以便修订时更正。

邓启铜

2015.6.12

目录

朱熹闲居图

一 伯禽趋跪

yī bó qín qū guì

【原评】周公制礼，实开礼教之源。且尝一饭三吐哺，一沐三握发，以礼天下之贤士。其子伯禽未谙礼节，宜其三见而三笞之也。商子以桥梓明父子之道，俾尽乎礼，诚不愧为君子矣！

zhōu bó qín suí kāng shū sān jiàn zhōu gōng sān bèi chī
【原文】周伯禽①随康叔三见周公②，三被笞③。
yǐ wèn shāng zǐ yuē nán shān zhī yáng yǒu qiáo mù běi shān zhī
以问商子，曰：“南山之阳有桥木④，北山之
yīn yǒu zǐ mù hé wǎng guān bó qín jiàn qiáo gāo ér yǎng zǐ bēi
阴有梓木，盍往观？”伯禽见桥高而仰，梓卑
ér fǔ huán gào shāng zǐ yuē qiáo zhě fù dào zǐ zhě zǐ
而俯，还告商子。曰：“桥者父道，梓者子
dào míng rì bó qín rù mén ér qū dēng táng ér guì zhōu gōng
道。”明日，伯禽入门而趋⑤，登堂而跪。周公
jiā qí dé jūn zǐ zhī jiào
嘉其得君子之教。

【注释】①**伯禽**：周公的儿子。②**康叔**：周公的弟弟。③**笞**：用竹板、荆条抽打。④**阳**：古以山之南、水之北为阳。**桥**：古同“乔”。⑤**趋**：小步快走，表示恭敬。

【译文】周朝初年，周公的儿子伯禽跟着周公的弟弟康叔三次去见周公，三次都被周公用竹条抽打。伯禽因此去问商子，商子说：“南山的南面有一种乔木，北山的北面有一种梓木，你为什么不去看看呢？”伯禽看见乔木高大呈仰望状，梓木低矮呈恭敬状，就回去告诉商子。商子说：“乔木仰着，就如同做父亲的道理；梓木俯着，就如同做儿子的道理。”第二天，伯禽去见周公，一进门就快步走上前去，进入厅堂就跪下。周公称赞他得到了君子的教导。

二 宋桓罪己

èr sòng huán zuì jǐ

【原评】罪归诸己，则和气致祥，人心欢洽；罪归诸人，则戾气相感，民怨沸腾。公子御说以天灾引咎自责，臧孙达谓其是宜为君，有恤民之心。厥后果称贤君，可见人君之宜履礼爱人也。

zhōu sòng dà shuǐ lǔ zhuāng gōng shǐ diào yān gōng zǐ yù yuè

【原文】周宋大水，鲁庄公使吊焉①。公子御说②，

chéng fù mìng duì yuē gū shí bú jìng tiān jiàng zhī zāi yòu yǐ

承父命对曰："孤实不敬③，天降之灾，又以

wéi jūn yōu bài mìng zhī rǔ zāng wén zhòng yuē sòng qí xīng

为君忧，拜命之辱④。"臧文仲曰⑤："宋其兴！

yǔ tāng zuì jǐ qí xīng yě bó yān jié zhòu zuì rén qí wáng

禹汤罪己，其兴也勃焉⑥；桀纣罪人⑦，其亡

yě hū yān qiě liè guó yǒu xiōng chēng gū lǐ yě yán jù ér míng

也忽焉。且列国有凶，称孤，礼也。言惧而名

lǐ qí shù hū

礼，其庶乎！"

【注释】①**吊**：慰问。②**御说**：宋庄公的儿子桓公。说，音"悦"。③**孤**：古时侯王对自己的谦称。④**拜命之辱**：命，吊问之辞；辱，谦词。⑤**臧文仲**：鲁大夫。⑥**兴**：兴起。⑦**罪**：怪罪。

【译文】周朝时，宋国遭遇严重的水灾，鲁庄公派人前去慰问。宋国公子御说受父之命回答鲁国使者说："我实在是不敬啊，老天降下灾祸给我们，却又让您的国君因此忧心，对您的关心我们实在是不敢当。"鲁国大夫臧文仲得知后说："宋国将要兴起了！夏朝的禹、商朝的汤时常怪罪自己，他们的国家兴旺发达。夏朝的桀、殷朝的纣总是怪罪别人，他们的国家就很快灭亡。因为国家有凶灾，所以降名称自己为孤，是合乎礼的。言辞谦卑、称呼合礼，宋国的兴起指日可待！"

三 鉏麑触槐

sān xú ní chù huái

【原评】鉏麑,一力士耳。其于赵盾,无恩怨之可言,非若灵辄之翳桑受惠也。况将君命以往乎,乃见盾之不忘恭敬,遂不忍贼民之主,触槐以死。其重礼为何如乎!而盾之获免全在礼,人可斯须去礼乎!

jìn xú ní yǒng ér zhī lǐ líng gōng bù jūn zhào xuān
【原文】晋鉏麑[①]，勇而知礼。灵公不君[②]，赵宣
zǐ shuò jiàn gōng huàn zhī shǐ xú ní zéi zhī chén wǎng qǐn mén
子数谏，公患之[③]，使鉏麑贼之[④]。晨往，寝门
pì yǐ shèng fú jiāng cháo shàng zǎo zuò ér jiǎ mèi ní tuì ér
辟矣[⑤]。盛服将朝，尚早，坐而假寐[⑥]。麑退而
tàn yuē bú wàng gōng jìng mín zhī zhǔ yě zéi mín zhī zhǔ bù
叹曰："不忘恭敬，民之主也。贼民之主，不
zhōng qì jūn zhī mìng bú xìn suì chù huái ér sǐ
忠；弃君之命，不信。"遂触槐而死。

【注释】①**鉏麑**：晋国著名的大力士。②**不君**：失君道。③**患**：憎恶，厌烦。④**贼**：杀害。⑤**辟**：开，打开。⑥**假寐**：打盹儿，打瞌睡。

【译文】晋国有个人名叫鉏麑，英勇且懂得礼节。晋灵公不行君道，赵宣子多次劝谏，晋灵公十分厌恶他，便派鉏麑刺杀赵宣子。这天，鉏麑早早地前往赵宣子家，却发现寝室的门开着，赵宣子穿戴整齐等待上朝，因为时间还早，正端坐在椅子上打盹儿。鉏麑退出门去，叹了口气说："一个人时刻不忘记恭敬，是百姓的主人啊。杀害百姓的主人是不忠的，背弃君主的命令是不信的。"于是便撞向槐树而死。

sì kǒng zǐ jìn lǐ

四 孔子尽礼

【原评】孔子为三代完人，所尽不仅礼也，惟礼教以周孔为尊。周公制礼，孔子定礼，而礼教得以大明。以天纵之圣，犹问礼于老聃。且入太庙，每事必问。子贡欲去告朔饩羊，犹曰："我爱其礼。"故为万世之师也。

【原文】周鲁孔子，幼嬉戏，陈俎豆①，设礼容②。适周，问礼于老聃。仕鲁，摄行相事③，事君尽礼。入太庙④，每事问。从而祭，膰肉不至⑤，遂行。过宋，与弟子习礼树下。燕居⑥，申申夭夭⑦，温而厉⑧，威而不猛，恭而安。席不正不坐；割不正不食。

【注释】①**俎豆**：古代祭祀时放祭品的器物。②**礼容**：礼制仪容。③**摄行**：代理职务。④**太庙**：此指鲁周公庙。⑤**膰肉**：古代祭祀用的熟肉。⑥**燕居**：退朝而处，闲居。⑦**申申**：其容舒也。**夭夭**：其色愉也。⑧**厉**：严肃。

【译文】周朝时，鲁国的孔子年幼时玩耍，将祭祀时放祭品的器物摆列出来，练习礼制仪容。孔子去了周地，向老子请教礼的问题。后来孔子在鲁国任司寇，代理相国的职务，他侍奉君主很合乎礼节。每次入周公庙，凡事都向人请教。一次，孔子随鲁国的君主行祭礼，可是祭祀的熟肉没有分给孔子，孔子便离开了鲁国。路过宋国，孔子和弟子们在树下学习礼。孔子平日闲居时容貌舒和，神情愉悦。外表温和又不失严肃，为人威严却不流于刚猛，谦逊有礼且安静祥和，中和之气见于容貌之间。孔子遇到放得不正的座椅就不肯坐下，割得不方正的肉就不肯吃。

wǔ shí fèn gōng jǐn
五石奋恭谨

【原评】许止净谓石家父子：以敬谨持躬，故事君则忠，事父则孝，教子则慈，治民则化。文王以小心翼翼而兴周，武侯以一生谨慎而治蜀。至晋则竞尚旷达，倮身相对，子呼父名，蔑视礼法，遂召五胡之乱矣。

hàn dà zhōng dà fū shí fèn wú wén zì jí gōng jǐn sì
【原文】汉大中大夫石奋[1]，无文字，极恭谨。四
zǐ jiē yǐ jǐn guān zhì èr qiān shí yīn hào wàn shí jūn guī lǎo
子皆以谨。官至二千石[2]，因号万石君。归老
yú jiā guò gōng mén bì xià chē qū jiàn lù mǎ bì shì zǐ
于家过宫门，必下车趋。见路马[3]，必式[4]。子
sūn wéi lì lái yè bì cháo fú jiàn zhī bù míng zǐ sūn yǒu guò
孙为吏来谒，必朝服见之，不名。子孙有过，
wéi biàn zuò duì àn bù shí zhū zǐ xiāng zé ròu tǎn xiè zuì
为便坐，对案不食。诸子相责，肉袒谢罪[5]，
gǎi zhī nǎi xǔ
改之，乃许。

【注释】①**大中大夫**：古代官职名称。②**二千石**：汉郡守(太守)的通称。汉郡守俸禄为两千石，即月俸百二十斛，故有此称。③**路马**：指古代君主驾车的马。因君主的车名路车，故称。④**式**：通"轼"，古代车厢前面用作扶手的横木。以手抚轼是古人表示尊敬的礼节。⑤**肉袒**：解衣裸露出肉体。古代以此形式向对方表示恭敬或谢罪。

【译文】汉朝大中大夫石奋，学问不多，但为人非常恭敬谨慎。他的四个儿子也都为人恭谨。官至郡守，月俸两千石，因此别人称他为万石君。石奋从朝廷告老还乡，路过宫门一定要下马车，快步走过。见到君主的马车一定会将手抚在车前的横木上表示尊敬。子孙中有做官的来见他，石奋一定要换上朝服才见他们，且不直呼其名。后辈如果有犯了过错的，石奋就随便地坐着，对着桌子也不吃饭。直到子孙们自相责备，脱去上衣谢罪并改过，石奋才答应他们。

liù qiú lǎn zì zhěng

六 仇览自整

【原评】石奋子孙有过，不责子孙，而以对案不食化之。仇览妻子有过，不责妻子，而以免冠自责化之。陈元母告元不孝，览以教化未至，亲到元家，为陈人伦孝行，元卒成孝子。其礼教之化人，诚足为后世法。

hàn qiú lǎn yī míng xiāng wéi pú tíng zhǎng quàn rén shēng yè

【原文】汉仇览，一名香，为蒲亭长。劝人生业

nóng shì bì nǎi lìng zǐ dì huán jiù xué qí piāo qīng yóu zì zhě

农事毕，乃令子弟还就学。其剽轻游恣者①，

jiē yì yǐ tián sāng yán shè kē fá píng rì yàn jū bì yǐ

皆役以田桑②，严设科罚③。平日宴居④，必以

lǐ zì zhěng qī zǐ yǒu guò zhé miǎn guān zì zé qī zǐ tíng xiè

礼自整。妻子有过，辄免冠自责。妻子庭谢，

hòu lǎn guàn nǎi gǎn shēng táng sān zǐ jiē yǒu wén shǐ cái yuán zuì

候览冠，乃敢升堂。三子皆有文史才，元最

zhī míng

知名。

【注释】①**剽轻**：剽。轻薄，轻浮。**恣**：放纵，无拘束。②**役**：服劳力。③**科罚**：刑罚，处罚。④**宴居**：闲居，一般指公余无事时。

【译文】汉朝人仇览，又名香，是蒲县亭长。他劝人们做完了农事就让孩子上学。对子弟中放纵轻薄的，他都让他们耕田、服劳力，并严格设定刑罚。平日闲居时，他一定用礼法严格要求自己。他的妻子、儿子犯了错，仇览便摘下帽子责备自己。妻子和儿子在庭前道歉，等候到仇览戴起帽子，才敢上堂来。他的三个儿子都很有才情，其中仇元最为知名。

七 卢植楷模

qī lú zhí kǎi mó

【原评】礼为男女大防。人之心志，最易为女子所移，故孔圣尝以未见好德如好色勉人。马融坐高堂，施绛帐。前授生徒，后列女乐，亦以试诸生之心耳。植侍讲数年，未尝一盼，即此守礼一端，可以风世矣。

hàn lú zhí zì zǐ gàn gāng yì yǒu dà jié shī mǎ róng

【原文】汉卢植，字子干，刚毅有大节。师马融，

róng zuǒ yòu duō liè měi jī zhí shì jiǎng shù nián wèi cháng yī pàn

融左右多列美姬。植侍讲数年，未尝一盼①，

róng yǐ shì jìng zhī dǒng zhuó yì fèi lì zhòng wěi wěi zhí dú kàng

融以是敬之。董卓议废立，众唯唯②，植独抗

lùn bù huí cáo cāo cháng yuē zhí míng zhù hǎi nèi xué wéi rú

论不回。曹操尝曰："植名著海内，学为儒

zōng shì zhī kǎi mó guó zhī zhēn gàn zhāo liè wēi shí cháng

宗③，士之楷模④，国之桢干⑤。"昭烈微时，尝

zhí jīng mén xià

执经门下⑥。

【注释】①**盼**：顾、看。②**唯唯**：恭敬的应答声，引申为顺从之义。③**儒宗**：儒者的宗师。汉以后亦泛指为读书人所宗仰的学者。④**楷模**：榜样；模范。⑤**桢干**：古代筑墙时所立的木桩，引申为人才。⑥**执经**：手持经书。引申为从师受业。

【译文】汉朝的卢植，字子干，为人刚毅有志气。拜马融为师，马融身边站着很多美女，卢植从师学习多年，从没看过她们。马融因此很尊敬他。时大奸臣董卓聚集了朝廷众臣子，商议废立皇帝的事情，大家都不敢说话，唯有卢植持反对论调。曹操曾经评论说："卢植名声远播，是儒者的宗师，士大夫的榜样，国家的人才。"蜀汉昭烈帝卑贱时，还曾在卢植门下守业。

bā sūn guǐ wēn gōng

八 孙晷温恭

【原评】人能于独处幽暗之中，容止瞻望，常不倾斜，则其动容周旋，必中礼矣。人能于穷老告索之时，有求必应，不生厌慢，则其敬老怜贫之礼尽矣。况事父孝，事兄恭，喜人善，畏闻人恶。非深于礼者不至此。

jìn sūn guǐ gōng xiào qīng yuē měi dú chǔ yōu àn zhī zhōng
【原文】晋孙晷，恭孝清约。每独处幽暗之中①，
róng zhǐ zhān wàng wèi cháng qīng xié suī hóu jiā fēng hòu ér bù
容止瞻望②，未尝倾斜③。虽侯家丰厚，而布
yī shū shí gōng gēng lǒng mǔ sòng yǒng bú fèi xīn rán dú dé
衣蔬食④，躬耕垄亩。诵咏不废，欣然独得。
qīn gù yǒu qióng lǎo zhě shù rén héng wǎng lái gào suǒ rén duō yàn màn
亲故有穷老者数人，恒往来告索，人多厌慢
zhī ér guǐ xīn jìng yú shèn hán zé tóng qǐn shí zé tóng qì
之⑤。而晷欣敬逾甚，寒则同寝，食则同器。
cháo yě chēng zhī
朝野称之。

【注释】①**幽暗**：指人们都看不到的地方。②**瞻**：仰视。③**倾**：倾斜，倾侧。④**蔬食**：粗食。以草菜为食。⑤**慢**：态度冷淡，不礼貌。

【译文】晋朝的孙晷，为人恭谨孝顺，清静俭约。一个人独处时，他的容貌、举止未尝因仰望而倾斜分毫。虽然家底丰厚，仍着粗布衣服，吃粗食，亲自在田间劳作。一直坚持读书吟诵，每有心得都十分快乐。他有几个年老哭穷的亲戚故交，经常到他家里诉苦要钱，别人都心生厌烦而怠慢他们，孙晷却更加敬重他们，天冷了就和他们在同一处睡觉，用相同的餐器吃饭。朝廷内外人人都称赞他。

九　荣绪拜经

jiǔ róng xù bài jīng

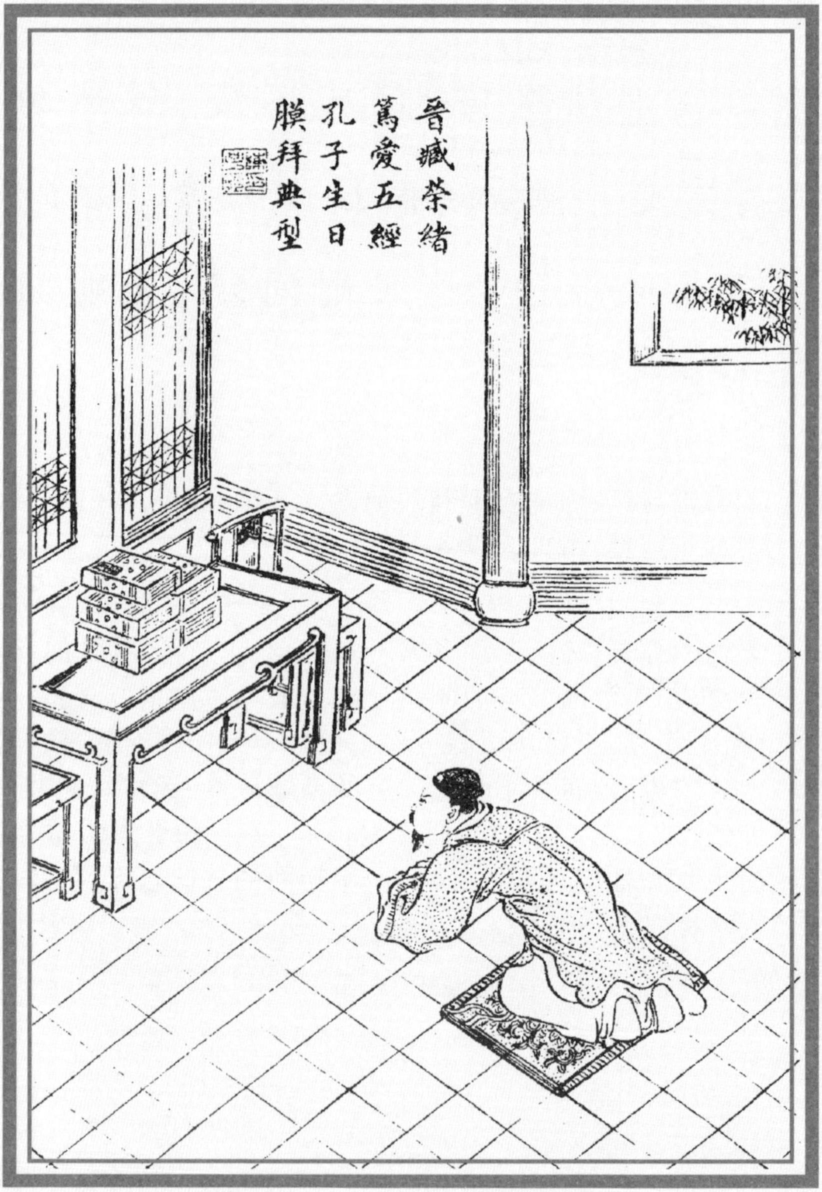

【原评】孔子删《诗》、《书》，定《礼》、《乐》，赞《周易》，修《春秋》，为万世礼教之师。是五经所在，即礼教所在。臧荣绪以尊敬孔子而笃爱五经，以孔子生于庚子日，乃于是日陈列五经，且具衣冠而拜之。而谓五经可废也否耶？

nán sòng zāng róng xù yòu gū guàn yuán yǐ gòng jì yǎng
【原文】南宋臧荣绪，幼孤①，灌园以供祭养②。
mǔ mò shuò wàng zhé bài gān zhēn bì jiàn yǐn jū jīng kǒu
母殁，朔望辄拜③，甘珍必荐④。隐居京口⑤，
jiào shòu shēng tú xué zhě chēng wéi pī hè xiān sheng zhēn míng zhì dào
教授生徒。学者称为披褐先生⑥。甄明至道⑦，
dūn ài wǔ jīng yǐ kǒng zǐ gēng zǐ rì shēng qí rì chén wǔ
惇爱五经⑧。以孔子庚子日生，其日，陈五
jīng yī guān bài zhī yòu yǐ yǐn jiǔ luàn dé yán cháng wéi jiè
经，衣冠拜之。又以饮酒乱德，言常为诫⑨。
qí chún dǔ rú cǐ
其纯笃如此⑩。

【注释】①**幼孤**：幼年失去父亲。②**灌园**：从事田园劳动。③**朔望**：朔日与望日。即夏历每月初一和十五。④**甘珍**：鲜美而珍奇的食物。**荐**：进献，祭献。⑤**京口**：古城名。在今江苏镇江市。因京岘山得名，又说为京江之口。⑥**褐**：粗布或粗布衣服。⑦**甄**：审查，鉴别。⑧**惇**：敦厚。⑨**诫**：警告。⑩**笃**：忠实。

【译文】南宋朝的臧荣绪，从小就没有了父亲，依靠农田劳作来祭祀祖先、赡养母亲。后来母亲又去世了，每月初一和十五他都会祭拜母亲，祭献鲜美珍奇的食物。臧荣绪在京口隐居，教一班徒弟，学生们都称他为“批褐先生”。他为人光明正大，酷爱儒家五经。因为孔子的生日是庚子，他便在那天将五经陈列在桌上，穿戴整齐地礼拜。又因为喝酒会扰乱人的德性，因此他常说要警惕酒。他品行的纯正、笃实可见一斑。

十 原平恭耕

shí yuán píng gōng gēng

【原评】许止净曰："《诗》云：'维桑与梓，必恭敬止。'况父母邱墓乎？束带躬耕，此礼之出乎至性者，非矫也。卖物求半价，而人加价与之，何俗之醇耶！然盛德所感，无有顽民，亦理之必然也。"

nán sòng guō yuán píng bǐng zhì xíng yōng lì yǎng qīn qīn mò
【原文】南宋郭原平，禀至行。佣力养亲，亲殁
jì zàng mù qián tián shù shí mǔ yuán píng jiàn gēng zhě luǒ tǎn xiè
既葬，墓前田数十亩，原平见耕者裸袒①，亵
qí mù nǎi huò jiā zī guì mǎi qí tián zhái shù dài chuí
其墓。乃货家资②，贵买其田宅。束带垂
qì gōng zì gēng kěn měi chū mài wù cái qiú bàn jià yì
泣，躬自耕垦③。每出卖物，裁求半价④。邑
rén gòng shí jiā jià yǔ zhī bǐ cǐ xiāng ràng yào shǐ wēi jiàn rán
人共识，加价与之，彼此相让。要使微贱，然
hòu qǔ zhí
后取直。

【注释】①**裸袒**：赤身露体。②**货**：卖，出售。③**垦**：用力翻土。④**裁**：同“才”，仅，方。

【译文】南宋朝的郭原平生有至性。他很孝顺，把在别人家做工赚来的钱奉养父母，双亲去世又将他们安葬。墓葬前有几十亩田地，郭原平见在那里耕地的人都赤身露体，亵渎了他父母的坟墓。于是他变卖家产，用高昂的价格买下了墓前那处田产。他衣着整齐流着眼泪，亲自耕种开垦。每次出去卖东西，都只要一半的价钱。城里的人都认识郭原平，因此都给他加价。双方互相谦让，郭原平始终要略微便宜些，然后才收钱。

shí yī　suǒ chǎng yán sù
十一　索敞严肃

【原评】许止净谓世风日下，士气嚣张，为师者宁取其严，不取其宽。师不严，则道不尊。学者于自治之规矩准绳，尚瞀瞀不知，安望其克己复礼，为忠为孝乎？故治国必自端士风始，欲端士风，必自尊师道始。

bĕi wèi suŏ chăng wéi zhōng shū bó shì shí wèi shàng wŭ gōng
【原文】北魏索敞，为中书博士。时魏尚武功，
guì jìn zĭ dì bù yĭ jiăng xué wéi yì chăng qín yú yòu dăo sù
贵近子弟，不以讲学为意。敞勤于诱导，肃
ér yŏu lĭ guì yóu jiē yán dàn yān duō suŏ chéng lì qián hòu
而有礼，贵游皆严惮焉[①]，多所成立[②]，前后
xiăn dá zhì shàng shū mù shŏu zhĕ shù shí rén jiē shòu yè yú chăng
显达，至尚书牧守者数十人[③]，皆受业于敞。
chăng yĭ sāng fú săn yú zhòng piān suì xuăn bĭ wéi sāng fú yào jì
敞以丧服散于众篇，遂选比为《丧服要记》[④]。

【注释】①**贵游**：指无官职的王公贵族。亦泛指显贵者。②**成立**：成就。③**牧守**：州郡的长官。州官称牧，郡官称守。④**比**：类似，相似。

【译文】南北朝时期，北魏的索敞，是中书博士。当时魏国人崇尚武力，贵族子弟们都不在乎知识的传授。索敞勤勉地诱导学生，严肃知礼，贵族子弟都十分害怕他，因此大多很有成就，官名显赫，做尚书牧守的都有十几人，他们都是索敞的学生。索敞又因为《礼记》中的丧服部分散见在各篇之中，他便将它们挑选出来，类比整合成了一篇《丧服要记》。

shí èr xuē cōng jīn zhuāng
十二 薛聪矜庄

【原评】许止净曰:“薛聪事魏高祖,帝每曰:‘朕见薛聪,不能不惮,何况他人。’欲进以名位,辄不受。帝曰:‘卿天爵自高,非人爵所能崇也。’故人必自励于暗室,而后能化及于家国。”

běi wèi xuē cōng fāng zhèng yǒu lǐ shí suī zài àn shì zhōng
【原文】北魏薛聪，方正有理识。虽在暗室，终
rì jīn zhuāng jiàn zhě mò bù lǐn rán fù yōu lú mù suān gǎn
日矜庄①，见者莫不懔然。父忧庐墓②，酸感
xíng lù yǒu yú dǔ mù ér jiā jiào shèn yán zhū dì suī hūn
行路。友于笃睦③，而家教甚严。诸弟虽婚
huàn héng bù miǎn zhàng fá chú xú zhōu cì shǐ zhèng cún yì jiǎn
宦④，恒不免杖罚。除徐州刺史⑤，政存易简⑥。
zú yú zhōu lì rén liú qí suǒ zuò tà yǐ cún yí ài shì
卒于州，吏人留其所坐榻，以存遗爱⑦。谥
jiǎn yì hóu
简懿侯⑧。

【注释】①**矜庄**：严肃庄敬。②**忧**：指父母之丧，丁忧。**庐墓**：古人于父母或师长死后，服丧期间在墓旁搭盖小屋居住，守护坟墓，谓之庐墓。③**友于**：语出《书·君陈》："友于兄弟。"指兄弟之间亲近友爱。后以"友于"代指兄弟。④**宦**：做官。⑤**徐州**：位于江苏徐州市铜山区。**刺史**：管理一州的重要官职。刺指检举惩罚不法者，史指使者。⑥**易简**：不繁重的意思。⑦**遗爱**：语出《左传》，指遗留仁政使人爱戴。⑧**谥**：古代帝王或大官死后评给的称号，谥号。

【译文】北魏的薛聪，品行方正，有见识。虽然待在幽暗无光的屋子里，也整天保持着严肃庄敬，见到他的人都心生敬惧。父亲去世，服丧期间他住在墓旁搭盖小屋，守护坟墓。悲伤的哭泣声让过路的行人都觉得心酸难过。兄弟之间很友爱和睦，但薛聪家教很严格，即便几个弟弟都已成家为官，犯错时也免不了被薛聪杖打责罚。薛聪后任徐州刺史，政令简易不繁重，在任期间去世。徐州的官员和百姓将他的坐榻保存了起来，以表对他施行仁政的爱戴。谥号"简懿侯"。

shí sān　yàn guāng yì sú
十三　彦光易俗

【原评】彦光为岐州刺史,甚有惠政。迁相州刺史,尽力提倡礼教,卒至大变其俗。焦通礼阙,令观孔庙中韩伯俞母杖不痛、哀母力衰、对母悲涕之像,通遂自愧无容,卒以改善。愈见善政不如善教之得民也。

suí liáng yàn guāng wéi xiàng zhōu cì shǐ xiàng zhōu rén qíng xiǎn
【原文】隋梁彦光，为相州刺史①。相州人情险
bì qiān biàn wàn duān guāng zhāo zhì dà rú měi xiāng lì xué fēi
诐②，千变万端。光招致大儒，每乡立学，非
shèng zhé zhī shū bú shòu yú shì rén jiē kè lì fēng sú dà biàn
圣哲之书不授。于是人皆刻励，风俗大变。
yǒu jiāo tōng shì qīn lǐ quē wéi zòng dì suǒ sòng guāng lìng guān kǒng
有焦通事亲礼阙③，为从弟所讼。光令观孔
miào zhōng tú xiàng tōng bēi kuì ruò wú róng yīn xùn ér qiǎn zhī zú
庙中图像，通悲愧若无容，因训而遣之。卒
wéi shàn shì
为善士。

【注释】①**相州**：在今天的河北临漳县。②**诐**：偏颇，邪僻。③**阙**：缺少，缺失。

【译文】隋朝的梁彦光在相州做刺史。相州民风阴险邪僻，变化无常。梁彦光于是聘请了品行端正的读书人，在每一个乡村设立学校，只教授圣贤哲人的书，故人人刻苦勤勉，相州风俗因此大变。有个叫焦通的人侍奉父母缺少礼数，被堂弟告发。梁彦光让他去观看孔庙里韩伯俞的图像，韩伯俞因为母亲打他不痛，他悲伤母亲的衰老，对着母亲大哭。焦通十分难过，惭愧得仿佛无处容身，因此梁彦光就教训了他一番让他回去了。从此焦通改过自新，成了一个品行善良的人。

shí sì dé yán duì jīng
十四　德言对经

【原评】归有光曰:“广东陈元诚,平生未尝读书。一朝自感激,取四子书终日拜之,忽能识字。夫儒家经书,本是修淑身心。一言而为天下法,一行而为百世师。经书所在,古圣贤嘉言懿行所在也。可不敬欤?”

táng xiāo dé yán zì wén xíng míng zuǒ shì chūn qiū tài
【原文】唐萧德言，字文行，明《左氏春秋》。太
zōng shí lì zhù zuò láng hóng wén guǎn xué shì wǎn jié xué yù
宗时，历著作郎①、弘文馆学士②。晚节学愈
kǔ měi kāi jīng zhé fú zhuó shù dài wēi zuò qī zi jiàn
苦③。每开经，辄祓濯④，束带危坐⑤。妻子谏
yuē lǎo rén hé zì kǔ yuē duì xiān shèng zhī yán hé fù
曰："老人何自苦？"曰："对先圣之言，何复
dàn láo zhào yǐ jīng shòu jìn wáng fēng wǔ yáng xiàn hóu zú nián
惮劳？"诏以经授晋王，封武阳县侯⑥。卒年
jiǔ shí qī
九十七。

【注释】①**著作郎**：专门负责国史的官。②**弘文馆**：官署名。唐武德九年，改修文馆为弘文馆。③**晚节**：晚年。④**祓濯**：除垢使洁；清除污毒。祓，洁净。濯，洗。⑤**危坐**：端正地坐。⑥**武阳县**：在今天的广西罗城县。

【译文】唐朝的萧德言，字文行，贯通《左氏春秋》。唐太宗时，担任著作郎、弘文馆学士。晚年时学习越发刻苦，每次打开书，都要将自己清洗干净，穿着整齐、端正地坐着。妻子劝他说："您为什么要让自己这么辛苦呢？"萧德言回答说："面对古代圣贤的著述，有什么可害怕辛劳的呢？"皇帝下诏书，叫他教授晋王读经书，又封他为武阳县的侯爵。萧德言一直活到了九十七岁。

shí wǔ　zhèn zhōu zèng bó
十五　镇周赠帛

【原评】以舒州人而为舒州都督，诚非易易。守法则伤情，徇情则违法。违法，非礼也；伤情，亦非礼也。镇周先就故宅欢宴亲朋十日，复分赠金帛，临别又以礼隔泣告之，情深矣！法彰矣！礼尽矣！

【原文】唐张镇周，舒州人[①]。自寿春迁舒州都督[②]，就故宅，多市酒肴，召亲故酣饮十日[③]。既而分赠金帛[④]，泣与之别。曰："今日犹得与故人欢饮，明日则舒州都督治百姓耳。官民礼隔，不复得为交游。"自是一无所纵[⑤]，境内肃然。

táng zhāng zhèn zhōu shū zhōu rén zì shòu chūn qiān shū zhōu dū dū jiù gù zhái duō shì jiǔ yáo zhào qīn gù hān yǐn shí rì jì ér fēn zèng jīn bó qì yǔ zhī bié yuē jīn rì yóu dé yǔ gù rén huān yǐn míng rì zé shū zhōu dū dū zhì bǎi xìng ěr guān mín lǐ gé bú fù dé wéi jiāo yóu zì shì yī wú suǒ zòng jìng nèi sù rán

【注释】①**舒州**：在今安徽省庐江县西。②**都督**：古时的军事长官。民国初年各省也设有都督，兼管民政。③**酣饮**：畅饮。④**金帛**：黄金和丝绸。泛指钱物。⑤**纵**：放任；放纵。

【译文】唐代的张镇周是舒州人，后来从寿春迁到舒州做都督，在家里买了许多酒菜佳肴，召集亲朋好友畅饮十天，酒席吃完又赠给他们金银绸缎，流着眼泪和亲友道别，说："如今仍可以和诸位老友们一起畅饮，明天我就是舒州都督，治理百姓了，官员与百姓之间以礼相隔，从今我们再也不能往来交游了。"自那以后张镇周丝毫不放纵自己，舒州境内严肃平靖。

shí liù　　hán gāo jìng hù

十六　韩皋敬笏

【原评】韩休拜黄门侍郎同平章事，韩滉仕至将相，皆事君尽礼。一门三代为大臣，皆止于敬。而皋且敬及其笏，未尝将祖父所存之手泽，轻授于仆人。其礼也，亦即其忠也、孝也。於戏！不愧为韩休之孙矣。

【原文】

táng hán gāo zì zhòng wén xiū zhī sūn huàng zhī zǐ yě mào
唐韩皋，字仲闻，休之孙，滉之子也。貌

lèi fù jì gū bú fù shì jiàn zī zhì hòu zhòng yǒu dà chén
类父，既孤，不复视鉴[①]。资质厚重，有大臣

qì guān zhì hù bù shàng shū qí jiā sān shì wéi dà chén chuán
器[②]，官至户部尚书[③]。其家三世为大臣，传

zhí yī hù gāo yǐ hù jīng zǔ fù suǒ zhí wèi cháng qīng shòu pú
执一笏。皋以笏经祖父所执[④]，未尝轻授仆

rén zhī shǒu guī zé gōng zhì yú wò nèi tà shàng míng rì chū fù
人之手。归则躬置于卧内榻上，明日出，复

zì qǔ zhī
自取之。

【注释】①**鉴**：镜子。②**器**：人的度量、才干。③**户部尚书**：中国古代官名，六部中户部的最高级长官，大致相当于今日的财政部长。④**笏**：古代大臣上朝拿着的手板，用玉、象牙或竹片制成，上面可以记事。

【译文】唐代人韩皋，字仲闻，是著名宰相韩休的孙子，出将入相韩滉的儿子。韩皋长得很像他父亲，父亲死后，韩皋再也没照过镜子。他天生聪颖，资质很高，有做大臣的才干，后来做官到户部尚书。他家里三代为官，传下来一块上朝时拿着的手板。因为这块手板是他的祖父和父亲拿过的，所以韩皋从来没有轻易交到仆人手中。下朝便恭敬地放在卧榻上，第二天上朝时再拿出来。

shí qī gōng chuò xiǎo zhāi

十七 公绰小斋

【原评】公绰为京兆尹，杖杀无礼之神策军将。穆宗怒诘之，执礼不屈，帝退谓左右，曰："汝曹须作意此人，朕亦畏之。"其妻韩夫人，和丸教子者也。故子仲郢，孙璞、珪、璧、玭，皆官于朝。世以孝弟礼法，为士大夫宗。

táng liǔ gōng chuò fēi cháo yè zhī rì píng dàn jí zhì xiǎo
【原文】唐柳公绰非朝谒之日[1]，平旦即至小
zhāi zhū zǐ zhòng yǐng jiē shù dài chén xǐng yǔ dì gōng quán jí
斋[2]。诸子仲郢，皆束带晨省[3]。与弟公权及
qún zòng dì jiē huì shí zì dàn zhì mù bù lí xiǎo zhāi zhú
群从弟，皆会食[4]。自旦至暮，不离小斋。烛
zhì zhào zǐ dì rù gōng dú jīng shǐ qì nǎi jiǎng jū jiā zhì guān
至，召子弟入，躬读经史讫[5]，乃讲居家治官
zhī fǎ rán hòu guī qǐn zhū zǐ fù hūn dìng fán èr shí yú nián
之法，然后归寝，诸子复昏定[6]。凡二十余年
rú yī rì
如一日。

【注释】①**朝谒**：入朝觐见。②**平旦**：清晨。**斋**：屋舍，常指书房、学舍。③**束带**：整饰衣服。表示端庄。**晨省**：早晨向父母问安。④**会食**：相聚进食。⑤**讫**：完结，终了。⑥**昏定**：晚间服侍就寝。昏定晨省之礼，旧时侍奉父母的日常礼节。

【译文】唐代人柳公绰，在不用上朝觐见皇帝的日子里，一大早就来到自己的书房，他的儿子柳仲郢等人，都穿戴整齐，向父亲请安。柳公绰跟弟弟柳公权及一班堂兄弟相聚进食。从早到晚都不离开书房。家人点着蜡烛进来，柳公绰就把弟子们叫进书房，亲自诵读经书史籍，之后又传授居家和做官的道理，然后才回到卧室，儿子们再来服侍他就寝。这样的规矩延续了二十多年，从未改变过。

shí bā cuī zhuō mìng pú
十八 崔梲命仆

【原评】人每以为仆役之对于我，应有礼节也；我之对于仆役，无所用其礼节。不知礼为五常之一。常者，即须臾不可离也。无论对于何人、处于何地，皆须合礼，惟在用之得当耳。观崔梲之于仆役，可知矣。

hòu liáng cuī zhuō jǔ jìn shì shì zhì tài zǐ bīn kè
【原文】后梁崔棁①，举进士，仕至太子宾客②。
xìng zhì xiào jiē hòu shēng wèi cháng wú huì yān qún jū gōng huì duān
性至孝，接后生未尝无诲焉。群居公会，端
zuò guǎ yán cháng yún fēi zhǐ zhì rén ài zēng qiě huò gān rén zǔ mí
坐寡言。尝云非止致人爱憎，且或干人祖祢
zhī huì zhǐ mìng pú yì yì yòng lǐ jié shèng shǔ qí hán bù
之讳③。指命仆役，亦用礼节。盛暑祁寒④，不
shǐ mào fàn cháng mèng dìng mìng zhī xiàn gù liù shí qī qǐng tuì míng
使冒犯。尝梦定命之限⑤，故六十七请退，明
nián guǒ zhōng
年果终。

【注释】①**后梁**：五代之一，公元907—923，朱温(后改名全忠)所建。②**太子宾客**：唐代始置。为太子东宫属官。掌调护侍从规谏等。③**干**：触犯，冒犯，冲犯。**祢**：古代对已在宗庙中立牌位的亡父的称谓。④**祁**：盛大。祁寒，严寒，极冷。⑤**定命之限**：人的寿命有定数、有限制的意思。

【译文】后梁时候有个叫崔棁的人，中了进士，后来官至太子宾客。非常孝顺，接见后生子弟时次次都让他们受到教诲。每当很多人聚在一起时，崔棁都端坐着，不发一言。他常说多说话不仅会引起别人的喜爱或憎恨，还有可能冲犯别人祖上的名讳。崔棁差遣仆人也依据礼节，无论炎热还是严寒，都很小心，不让人受了暑热或者风寒。有一次他梦见了自己寿命的限度是六十八岁，因此他在六十七岁那年告老还乡，第二年果然去世了。

shí jiǔ　yáng shí lì xuě

十九　杨时立雪

【原评】二程为当代名儒，杨时舍官师事之，知所择矣。其后历知浏阳、余杭、萧山三县，皆有惠政。最可佩者，侍立师旁，雪深一尺而不去。盖其得力于二程之礼教多矣。

sòng yáng shí zì zhōng lì qián xīn jīng shǐ dì jìn shì

【原文】宋杨时，字中立。潜心经史，第进士①，

diào guān bú fù yǐ shī lǐ jiàn chéng hào yú yǐng chāng xiāng dé shèn

调官不赴②。以师礼见程颢于颍昌③，相得甚

huān jí guī hào mù sòng zhī yuē wú dào nán yǐ hào zú

欢。及归，颢目送之，曰：“吾道南矣。”颢卒，

yòu cóng chéng yí yú luò nián yǐ sì shí shì yí yù gōng yī

又从程颐于洛④。年已四十，事颐愈恭。一

rì yí ǒu míng zuò shí yǔ yóu zuò shì lì bú qù yí jì

日，颐偶瞑坐⑤，时与游酢侍立不去。颐既

jué mén wài xuě shēn yī chǐ

觉，门外雪深一尺。

【注释】①**第进士**：科举时代考中进士。**调**：调动，调任。②**赴**：官吏去到某地担任职务。③**颍昌**：今河南许昌市。④**洛**：今河南洛阳市。⑤**瞑坐**：闭目静坐。

【译文】宋朝人杨时，字中立。他潜心研究经籍史册，中了进士后朝廷调任他做官，他不肯赴任。后来在颍昌拜程颢为师，两人相处得很融洽。等杨时学成归去，程颢以目光相送，说：“我的学问从此传到南方去了。”程颢死后，杨时又到洛阳拜程颐为师。尽管当时杨时已经四十岁了，侍奉程颐却愈发恭敬。一天，程颐偶然闭目静坐，当时杨时和程颐的另一个学生游酢侍立于门外，片刻不曾离开。等程颐察觉时，门外的积雪已经有一尺多深了。

èr shí zhū xī xián jū
二十 朱熹闲居

【原评】晦翁幼颖悟，父松指天以示，问曰："天之上何物？"父异。授以《孝经》，封之，题其上曰："不若是，非人也。"尝从群儿戏沙上，独端坐，以指画沙。视之，八卦也。幼时已不凡。至观其平日行止，无时无地，不合于礼也。

sòng zhū xī zì zhòng huì zì hào huì wēng zhuāng zhòng néng
【原文】宋朱熹，字仲晦，自号晦翁，庄重能
yán xián jū wèi míng ér qǐ shēn yī fú jīn fāng lǚ
言。闲居①，未明而起，深衣②、幅巾③、方履，
bài yú jiā miào jí xiān shèng tuì zuò shū shì jī àn bì zhèng shū
拜于家庙及先圣，退坐书室。几案必正，书
jí qì yòng bì zhěng juàn ér xiū yě míng mù duān zuò xiū ér qǐ
籍器用必整④。倦而休也，瞑目端坐；休而起
yě zhěng bù xú xíng qí wēi yí róng zhǐ zhī zé zì shào zhì
也，整步徐行。其威仪容止之则⑤，自少至
lǎo wèi cháng xū yú lí yě
老，未尝须臾离也⑥。

【注释】①**闲居**：无事居住家中；独自居住家中。②**深衣**：古代上衣、下裳相连缀的一种服装。为古代诸侯、大夫、士家居常穿的衣服，也是庶人的常礼服。③**幅巾**：古代男子以全幅细绢裹头的头巾。④**器用**：器皿用具。⑤**威仪**：庄重的仪容、举止。**容止**：神态举止。**则**：模范、法度。⑥**须臾**：顷刻，瞬间。

【译文】宋代的朱熹，字仲晦，自号晦翁。他为人庄重，能言善辩。无事居住在家中时，天还没亮就起床，身穿深衣，头戴幅巾，脚踏方履，先拜祭家庙宗族和先贤圣人，然后回到书房。他的书桌必须端正，书籍和器皿用具必须摆放整齐。困倦了要休息，他就闭着眼睛端正地坐着；休息好了起来，他便整齐了脚步慢慢地走。朱熹庄重的举止和神态的法度，从少年时到老，从没有一刻偏离。

èr shí yī xī xiàn lǐ xián

二十一 希宪礼贤

【原评】尊富贵,轻贫贱,人之常情,而不知已失礼矣。然非谓尊贫贱而轻富贵也,亦惟视其贤不贤耳,亦非谓尊其贤而轻不贤也。盖不贤者须化之为贤,故嘉善而矜不能。若以不贤致富贵者,则卑之可也。

yuán lián xī xiàn lǐ xián xià shì liú zhěng yǐ zūn guān wǎng
【原文】元廉希宪，礼贤下士①。刘整以尊官往
jiàn gōng bú mìng zuò sòng zhū shēng lán lǚ xiù shī qǐng jiàn gōng
见，公不命坐。宋诸生褴褛②，袖诗请见③，公
yán rù zuò jìn huān jì bà rén huò wèn zhī gōng yuē guó
延入坐④。尽欢，既罢，人或问之，公曰：“国
jiā dà chén yǔ mò jìn tuì xì tiān xià qīng zhòng liú zhěng suī
家大臣，语默进退，系天下轻重⑤。刘整虽
guì céng yǒu fàn shàng zhī xíng zhū shēng sī wén wǒ bù jiā hòu
贵，曾有犯上之行⑥。诸生斯文，我不加厚，
zé rú shù yóu cǐ shuāi yǐ
则儒术由此衰矣。”

【注释】①**下士**：下，谦居于别人之下，以示对人尊敬。**士**：旧指有知识学问的人。②**诸生**：众有知识学问之士，众儒生。**褴褛**：形容衣服破烂。③**袖**：藏在袖子里。④**延**：引进，请。⑤**系**：干系，关系。⑥**犯上**：触犯长辈或上级。

【译文】元朝人廉希宪，对贤者以礼相待，对学者非常尊敬。有一个大官刘整去见他，廉希宪并不请他坐下。有几个宋朝的儒生穿得很破烂，把自己的诗作放在袖子里去见他，廉希宪请他们就坐。大家相谈甚欢，这些儒生离开后，有人问廉希宪为什么要这样做，他说：“一个国家的大臣，他的言行举止，一举一动都关系着国家的轻重。刘整虽然地位尊贵，但他曾经有冒犯上级的言行。这些儒生都是文雅的人，如果我不加倍厚待他们，那么儒术就要衰落了。”

èr shí èr gōng liàng jiǎn chì

二十二 公谅检饬

【原评】许止净曰:“按《辍耕录》公谅入浙省院试,案上有‘宇文同知’四字,不知何人所书。试官以文不中式,将黜之。座主龙鳞州过浙,力主此卷,卒置榜中。旋登进士第,官同知。虽曰爵禄前定,盖亦阴德所致耳。”

yuán yǔ wén gōng liàng ruò guàn guǎn yú fù shì bàn yè yǒu
【原文】元宇文公谅，弱冠馆于富室①，半夜有
fù rén kòu mén gōng liàng lì shēng chì qù yì rì yǐ tā shì
妇人叩门，公谅厉声叱去②。翌日③，以他事
cí guī zhōng bú gào yǐ gù píng jū suī àn shì bì zhèng yī guān
辞归，终不告以故。平居虽暗室，必正衣冠
duān zuò cháng zì zhì shǒu jì zhī biān shǒu yuē zhòu yǒu suǒ wéi
端坐。尝自识手记之编首曰④：“昼有所为，
mù zé shū zhī qí bù kě shū jí bù gǎn wéi tiān dì guǐ shén
暮则书之。其不可书，即不敢为。天地鬼神，
shí wén sī yán
实闻斯言。”

【注释】①**弱冠**：古代男子二十岁行成年加冠之礼，因未及壮年，故称弱冠。**馆**：住，住宿。②**叱**：大声呵斥。③**翌日**：明天，第二天。④**识**：记录。

【译文】元朝时候，有个人复姓宇文，名公谅，二十岁的时候在一个有钱人家住宿，半夜有妇人敲他的房门，公谅严厉地把她叱退了。第二天，他就借口有别的事情离开了，最后也没有告诉别人是什么缘故。他平日里闲居的时候，即使是昏暗的屋子，他也一定穿戴整齐端正地坐着。他曾经在他的手记封面上写道：“白天做的事情，到了晚上就把它写下来。如果有不能写下来的事情，就是不该做的事情。天地和鬼神都听到我这句话了。”

èr shí sān dào shòu jìn zhàng
二十三　道寿进杖

【原评】《论语》云："生，事之以礼；死，葬之以礼，祭之以礼。"人子事亲，本当始终尽礼，须臾无违。乃道寿必自进杖，伏地以受，命起乃起，起复再拜。敬谢违教，拱立左右，色喜乃退。尽礼之至矣。故录之以为好礼者法。

【原文】元萧道寿，母年八十，事养尽礼。每旦，候母起，夫妇亲侍盥栉[①]。日三饭，必侍母食然后食；至夕，必侍母寝然后寝。母或怒，欲罚之，道寿自进杖[②]，伏地以受。杖足，母命起，乃起，起复再拜，谢违教[③]。拱立左右[④]，俟色喜乃退[⑤]。

yuán xiāo dào shòu mǔ nián bā shí shì yǎng jìn lǐ měi dàn hòu mǔ qǐ fū fù qīn shì guàn zhì rì sān fàn bì shì mǔ shí rán hòu shí zhì xī bì shì mǔ qǐn rán hòu qǐn mǔ huò nù yù fá zhī dào shòu zì jìn zhàng fú dì yǐ shòu zhàng zú mǔ mìng qǐ nǎi qǐ qǐ fù zài bài xiè wéi jiào gǒng lì zuǒ yòu sì sè xǐ nǎi tuì

【注释】①**盥**：洗手器皿。**栉**：梳子和篦子的总称。②**杖**：泛指棍棒。杖打，古代刑罚之一，用棍打。③**谢**：认错，道歉。④**拱**：两手在胸前相合，表示恭敬。⑤**俟**：等待。

【译文】元朝人萧道寿，母亲已八十岁了，侍奉母亲十分尽礼节。每天早上等母亲起床，夫妻二人亲自侍奉母亲盥洗梳头。一日三餐，一定等母亲吃完后再吃；到了晚上，一定要侍奉母亲睡下后再去睡觉。母亲如果生气了，要惩罚他，萧道寿便亲自给母亲棍棒，跪在地上受罚。打完以后，母亲让他起来他才起，起来以后又拜，因自己违反教诲而道歉。恭敬地站在母亲身边，等母亲高兴了才离开。

èr shí sì jū rén jìng zhāi
二十四 居仁敬斋

【原评】胡子安贫乐道，鹑衣箪食。筑室山中，四方求学者甚众，人谓薛瑄之后。粹然一出于正，居仁一人而已。观其以敬名斋，对妻子如严宾，居丧则三年不入寝门，杖而后能起。其守礼之严，殊不多觏。

míng hú jū rén zì shū xīn yú gān rén cóng wú yǔ bì
【原文】明胡居仁，字叔心，余干人①，从吴与弼
yóu qí xué yǐ qiú fàng xīn wéi yào xīn zhǔ hū jìng yīn yǐ
游。其学以求放心为要，心主乎敬，因以
jìng míng zhāi duì qī zi rú yán bīn jū sāng gǔ lì fēi zhàng
“敬”名斋。对妻子如严宾，居丧骨立②，非杖
bù néng qǐ sān nián bú rù qǐn mén yǔ rén yǔ zhōng rì bù jí
不能起，三年不入寝门③。与人语，终日不及
lì lù zhǔ jiǎng bái lù shū yuàn àn xiū zì shǒu bù yī zhōng qí
利禄。主讲白鹿书院，暗修自守，布衣终其
shēn
身。

【注释】①**余干**：在今江西余干县。②**骨力**：形容一个人消瘦到极点。③**寝门**：指内室的门。

【译文】明朝人胡居仁，字叔心，是余干人。跟着吴与弼读书学习。他的学问以“求放心”为要旨，而心又以“敬”为首要，因此他用“敬”字来命名他的书房。他对待妻子如同对待宾客般严肃。父母亲亡故居丧的时候，胡居仁瘦得皮包骨头，不用拐杖就站不起来，他三年没有走进内室的门。和别人说话，从来不谈钱财爵禄。胡居仁在白鹿书院讲学，修身养性，保持操守，一辈子做平民不肯为官。

èr shí wǔ tài rén zhāi zhuāng
二十五 太任斋庄

【原评】太任胎教，今古昭垂。厥后太姒行之，笃生武王周公。邑姜效之，笃生成王。即孔孟之母，亦复如是。近世欧风东渐，对于礼教，辄多攻击。独胎教一事，视为重要。愿女同胞审思之。

yīn zhōu wáng jì fēi tài rén wén wáng zhī mǔ zhì rén shì zhōng
【原文】殷周王季妃太任，文王之母，挚任氏中
nǚ yě duān yī chéng zhuāng wéi dé zhī xíng jí qí yǒu shēn mù
女也①。端一诚庄，惟德之行。及其有娠②，目
bú shì è sè ěr bù tīng yín shēng kǒu bù chū ào yán qǐn
不视恶色，耳不听淫声③，口不出敖言④。寝
bú cè zuò bù biān lì bú bì bù shí xié wèi gē bú zhèng
不侧，坐不边⑤，立不跸⑥。不食邪味，割不正
bù shí xí bú zhèng bú zuò gù wén wáng shēng ér míng shèng jūn zǐ
不食⑦，席不正不坐。故文王生而明圣，君子
wèi tài rén néng yǐ tāi jiào
谓太任能以胎教。

【注释】①**中女**：第二个女儿。②**娠**：胎儿在母体中微动，泛指怀孕。③**淫声**：淫邪的乐声。古代以雅乐为正声，以俗乐为淫声。④**敖**：同“傲”，傲慢。⑤**边**：偏。⑥**跸**：脚不正。⑦**割不正**：割肉不方正。

【译文】殷朝时，周朝王季的王妃太任，她是周文王的母亲，也是挚任氏的第二个女儿。她的品行端庄诚实，只做合乎德行的事情。当她在怀文王的时候，她的眼睛不看不好的景色，耳朵不听淫邪的乐声，嘴巴不说轻慢的话。她睡觉的时候不侧着睡，坐着的时候也不偏着坐，站的时候两脚平平正正，不偏不跛。不吃奇怪的食物，肉切得不方正不吃，席子摆得不正不坐。因此文王生下来就聪明圣贤，君子们称这是因为太任胎教做得好。

èr shí liù shēn nǚ jù hūn

二十六 申女拒婚

【原评】申女当殷之末世，以礼自守。夫家礼不备，誓死不从。刘向称其得妇道之宜，传而法之，以绝无礼之求，防淫欲之行。夫轻合者必轻离，婚姻之礼废，则夫妇之道苦。世之侈谈自由，苟合成婚者，盍鉴诸。

yīn shēn rén nǚ xǔ jià yú fēng fū jiā lǐ bú bèi
【原文】殷申人女①，许嫁于酆②。夫家礼不备，
yù qiáng qǔ zhī nǚ yǐ fū fù wéi rén lún zhī shǐ bù kě bú
欲强娶之，女以夫妇为人伦之始，不可不
zhèng jīn fū jiā qīng lǐ wéi zhì jù bù wǎng fū jiā sòng zhī yú
正，今夫家轻礼违制③，拒不往。夫家讼之于
guān zhì zhī yú yù nǚ zhōng yǐ fēi lǐ xiāng pèi sǐ bù tīng mìng
官，致之于狱，女终以非礼相配，死不听命。
zuò háng lù zhī shī yuē suī sù wǒ yù shì jiā bù
作《行露》之诗曰④：“虽速我狱⑤，室家不
zú yòu yuē suī sù wǒ sòng yì bù rǔ cóng
足。”又曰：“虽速我讼，亦不汝从。”

【注释】①**申**：国名。②**酆**：文王的儿子的封地。在今天陕西户县东。③**制**：法度，法则、④**行露**：《诗经》国风篇名。⑤**速**：召。

【译文】殷朝申国人家的女儿，许配给酆地的人做妻子。夫家没有准备聘礼，想强行娶申人女为妻。她认为夫妇是人伦关系的开始，不可以不正当。如今夫家轻视礼法违背礼制，因此就拒绝夫家，不肯嫁过去。夫家把申人女告到官府，导致她被关进监狱。申人女因为不是依据礼节结婚，因此宁死也不肯听从。她作了一首《行露》诗，诗中云：“虽速我狱，室家不足。虽速我讼，亦不汝从。”意思是说：“虽然把我送进了监狱，但宜家宜室的礼法不足，我是不会屈从的。”诗里又说：“虽然你召我来诉讼，我也不会抛弃礼法屈从于你的。”

èr shí qī jiāng hòu tuō zān
二十七 姜后脱簪

【原评】姜后恐宣王好色，循至穷欲招乱，故引过婉谏，致君于礼。刘向称其善于威仪而有德行，且引威仪抑抑，德音秩秩，及《隰桑》等诗以美之。贤哉姜后，弗可及已。

zhōu xuān wáng hòu jiāng shì qí hóu nǚ yě shēng yǒu xián dé
【原文】周宣王后姜氏，齐侯女也。生有贤德，
fēi lǐ bù yán fēi lǐ bú dòng wáng cháng yàn qǐ hòu tuō zān
非礼不言，非礼不动。王尝晏起[1]，后脱簪
ěr dài zuì yú yǒng xiàng shǐ fù mǔ tōng yán yú wáng yuē
珥[2]，待罪于永巷[3]，使傅母通言于王曰[4]：
qiè bù cái zhì wáng shī lǐ ér yàn cháo gǎn qǐng zuì wáng yuē
“妾不才，致王失礼而晏朝，敢请罪。”王曰：
guǎ rén bù dé fēi hòu zhī zuì yě fù jiāng hòu ér qín yú zhèng
“寡人不德，非后之罪也。”复姜后而勤于政
shì zǎo cháo yàn tuì xiū wén wǔ yí yè zú chéng zhōng xīng zhī
事，早朝晏退，修文武遗业[5]，卒成中兴之
míng
名[6]。

【注释】①**晏**：晚，迟。②**簪**：用来绾住头发的一种首饰。**珥**：用珠子或玉石做的耳环。③**待罪**：等待惩处。**永巷**：永巷是宫内一条狭长的小巷，起初是宫内供宫女、嫔妃所在的地方。后来，随着宫廷内斗的深入，永巷就成了单独关押宫中女性犯罪者的监狱。④**傅母**：古时负责辅导、保育贵族子女的老年妇人。⑤**文武**：文王、武王。⑥**中兴**：由衰落而重新兴盛起来。

【译文】周朝宣王的皇后姜氏，是齐侯的女儿。生性贤良淑德，不是合乎礼的话不说，不是合乎礼的事情不做。周宣王曾经早上很晚才起床，皇后脱去簪子和耳环，在永巷站着等周宣王治她的罪，差傅母去对周宣王说：“是我不好，才让您失了礼，早朝迟到了，还请您降罪。”周宣王说：“是我失德，不是皇后的过错。”恢复了姜氏的原位，并且从此对政事非常勤勉，上朝得很早而退朝很晚，重修文王、武王留下的基业，终于成为了一位中兴的君主。

èr shí bā qí nǚ fěi shí
二十八 齐女匪石

【原评】吕坤曰:“王侯之女不再聘,守之,礼也。未及国,乃不归守于齐,而入守于卫,持三年之丧,循礼之至也。不允同庖,异爨终身,其以礼防闲,方能不失令誉,尤可钦敬。”

【原文】周卫桓公之夫人姜氏，自齐适卫，未及国门，桓公被弑。保母曰："可以还矣。"女不听，遂入。持三年之丧毕，弟请同庖[①]，女曰："礼惟夫妇同庖。"终不听。卫人愬于齐[②]，其兄弟皆欲与后君[③]，使人告女，女终不听。乃作《匪石》之诗以自誓[④]，故君子善其专一。

【注释】①**庖**：厨房。同庖，一起吃饭。②**愬**：告诉。③**君**：特指桓公的弟弟。④**匪石**：非石，不像石头那样可以转动。形容坚定不移。

【译文】周朝时，卫桓公的夫人姜氏，是齐国的女子，从齐国嫁到卫国去，还没到卫国国门的时候，卫桓公就被人杀死了。姜氏的保母说："我们可以回齐国了。"姜氏不听，于是就嫁到了卫国。守了三年的丧，到守丧结束后，卫桓公的弟弟请她一起吃饭，姜氏说："古礼说只有夫妻才可以一起吃饭。"终究不肯答应。卫国人告诉了齐国，姜氏的兄弟们都想把他嫁给卫国后来的国君，派人告诉姜氏，姜氏始终不肯答应。于是就作了一首《匪石》诗来表明自己的决心，诗中说："我心匪石，不可转也。"因此君子都称赞她从一而终的决心。

èr shí jiǔ mèng jī ān chē
二十九 孟姬安车

【原评】吕坤曰:“先圣立天下之防,惟礼为峻。而礼于男女为尤峻,惧祸之所从来也。孟姬露面欲死,守礼严矣哉。近世妇女出门,步行既不蔽面,乘车又自搴帷。盛容饰以悦狡童之目,几不知其为非矣。”

zhōu qí xiào gōng fū rén huà mèng jī hào lǐ zhēn yī chéng ān
【原文】周齐孝公夫人华孟姬，好礼贞一。乘安
chē cóng gōng yóu láng yá chē bēn ér duò chē suì gōng shǐ sì mǎ
车从公游琅琊①，车奔而堕，车碎。公使驷马
lì chē yíng yǐ guī mèng jī shū wéi zì zhàng shǐ fù mǔ yìng shǐ
立车迎以归②，孟姬舒帷自障，使傅母应使
zhě yuē lì chē wú píng yě chǔ wú wèi shī lǐ duō yǐ fú
者曰："立车无軿，野处无卫，失礼多矣。夫
wú lǐ ér shēng bú ruò yǒu lǐ ér sǐ suì zì jīng fù mǔ jiù
无礼而生，不若有礼而死。"遂自经。傅母救
zhī bù jué ān chē zhì shǐ chéng ér guī
之，不绝。安车至，始乘而归。

【注释】①**安车**：古代可以坐乘的小车。古车立乘，此为坐乘，故称安车。供年老的高级官员及贵妇人乘用。**琅琊**：在今山东诸城市东南。②**驷马**：指驾一车之四马。**立车**：古代一种须站立乘行的车辆。

【译文】周朝时候，齐国齐孝公的夫人华孟姬，讲究礼法，性格贞洁专一。一次华孟姬乘坐外面有屏障的车子跟随齐孝公去琅琊游玩，马跑得很快，车子跌落下去，跌碎了。于是齐孝公差遣一部有四匹马的立车去接她回宫。华孟姬只乘坐外面有屏障的车子，于是就让傅母对差遣来的使者说："立车没有可以遮蔽的车帘，郊野里也没有侍卫，失礼的地方太多了。一个人失去礼节地活着，还不如保有礼节地死去。"说完就打算自尽。傅母赶紧去救她，才不至于绝命。等待有屏障的车子来了，华孟姬才乘车回宫。

sān shí quē qī jìng yè

三十　缺妻敬馌

【原评】吕坤谓夫妇非疏远之人，田野非几席之地，馌饷襄公非献酢之时。郤缺夫妇，敬以相将，观者欣慕焉。则事事有容，在在不苟可知矣。古人有言：“闺门之内，离不得一礼字。”夫妻反目，皆不以礼节之之故也。

zhōu jìn xì quē fū fù xiāng jìng rú bīn yī rì quē nòu
【原文】周晋郤缺，夫妇相敬如宾。一日，缺耨
yú jì yě qí qī yè zhī chí shí fèng fū shèn jǐn quē yì
于冀野①，其妻馌之②，持食奉夫甚谨，缺亦
liǎn róng shòu zhī dà fū jiù jì guò ér jiàn zhī yán yú wén gōng
敛容受之③。大夫臼季过而见之，言于文公
yuē jìng dé zhī jù yě néng jìng bì yǒu dé dé yǐ zhì mín
曰："敬，德之聚也。能敬必有德，德以治民，
jūn qǐng yòng zhī wén gōng jǔ quē wéi xià jūn dà fū jí jī zhī
君请用之。"文公举缺为下军大夫④。及箕之
zhàn quē huò bái dí zǐ mìng wéi qīng fù yǔ zhī jì
战⑤，缺获白狄子⑥，命为卿，复与之冀。

【注释】①**耨**：古代锄草的农具，此处指除草，耕作。**冀**：在今山西省河津市。②**馌**：给在田间耕作的人送饭。③**敛容**：收起笑容；脸色变得严肃。④**下军**：古代军事编制称谓。大国分上、中、下三军。次国分上、下二军。⑤**箕**：在今山西蒲县。⑥**白狄**：我国古代少数民族之一。

【译文】周朝的时候，晋国人郤缺，夫妇二人相敬如宾。有一天，郤缺在冀邑的郊野里耕作，他的妻子来给他送饭，双手捧着饭菜给他的丈夫，十分地恭谨，郤缺也面色和蔼地接受着。大夫臼季路过看见这一幕，对晋文公说："恭敬是德性凝聚的表现。一个恭敬的人一定有高尚的道德，有高尚的道德就一定能治理好百姓，请您任用他。"于是晋文公就推举郤缺为下军大夫。等到在箕地发生征战，郤缺擒获了白狄的国君。晋襄公任命他为公卿，把冀邑的原地方仍旧赐给他。

sān shí yī zhí qī què diào

三十一　殖妻却吊

【原评】郊吊有辞，重节义之礼也。国俗为变，极哀痛之礼也。已不失礼，而犹能使君不失礼，卒致齐侯还车，亲诣其室，成礼而去。其维持礼教多矣，宜其移风易俗也。

zhōu qí jiàng qǐ liáng míng zhí zhàn sǐ yú jǔ qí qī yíng
【原文】周齐将杞梁，名殖，战死于莒①。其妻迎
shī kū zhī āi ér biàn guó sú zhuāng gōng guī yù zhī yú
尸②，哭之哀，而变国俗。庄公归，遇之于
tú shǐ rén diào yān duì yuē rú zhí yǒu zuì jūn hé rǔ mìng
涂③，使人吊焉。对曰："如殖有罪，君何辱命
yān ruò wú zuì zé zhí yǒu xiān rén zhī bì lú zài xià qiè
焉④？若无罪，则殖有先人之敝庐在⑤，下妾
bù dé yǔ jiāo diào zhuāng gōng nǎi huán chē yì qí shì chéng lǐ
不得与郊吊⑥。"庄公乃还车，诣其室，成礼
rán hòu qù jūn zǐ wèi qǐ liáng qī zhī zhī lǐ
然后去。君子谓杞梁妻之知礼。

【注释】①**莒**：齐国境内邑名。②**迎尸**：接回尸体。③**涂**：道路，路途。④**辱命**：没有完成上级的使命或他人的嘱咐。⑤**敝庐**：破旧的房子。亦作谦辞。⑥**郊吊**：在郊野行吊礼。

【译文】周朝时候，齐国将军杞梁，名字叫殖，在莒打仗的时候死了。他的妻子接回尸体，哭得十分伤心，以至齐国的风俗也变得爱哭了。庄公回来，在路上遇到了杞梁的尸体，就差遣人去凭吊。杞梁的妻子对他说："如果杞殖有罪，那么君主何必屈尊来凭吊他呢？如果杞殖没有罪，那么杞殖还有祖先留下来的破旧的房子，我不能在郊野接受别人的吊唁。"于是庄公便掉转车头，亲自到杞梁的家里，完成吊丧的礼节后离开。君子都说杞梁的妻子很懂礼法。

sān shí èr　　bó jī sì fù

三十二　伯姬俟傅

【原评】吕坤曰:“伯姬守礼,重于其身矣。夫礼以守身,若犯礼,安用身为?夜火延室,虽有他女同行,亦足以明心迹。姬待保母而行,已为过慎。乃保至傅未至,竟死于火而不行焉。守礼之严,千古一人耳。”

zhōu sòng gōng gōng fū rén bó jī lǔ xuān gōng zhī nǚ yě gōng
【原文】周宋共公夫人伯姬，鲁宣公之女也。公
zú dì yuán zōng lì zhì píng gōng shí zhí gōng zhōng yè shī huǒ
卒，弟元宗立。至平公时，值宫中夜失火①，
zuǒ yòu qǐng shǎo bì jī yuē fù rén zhī yì bǎo fù bú jù
左右请少避，姬曰："妇人之义，保傅不俱②，
yè bú xià táng bǎo mǔ zhì zuǒ yòu yòu qǐng jī yuē fù mǔ
夜不下堂。"保母至，左右又请，姬曰："傅母
wèi zhì yě qǐ kě yǐ luàn ér shī lǐ suì dài yú huǒ ér fén
未至也，岂可以乱而失礼？"遂逮于火而焚
sǐ nián yǐ liù shí yǐ
死③，年已六十矣。

【注释】①**值**：恰逢，适逢。②**保傅**：保姆，傅母。古时负责辅导、保育贵族子女的老年妇人。③**逮**：到，及。

【译文】周朝时候，宋国共公的夫人伯姬，是鲁宣公的女儿。宋共公死后，他的弟弟元宗立为国君。到了宋平公时，宫里晚上忽然失火，宋国姬的仆人就请她到安全的地方躲避，宋国姬说："妇人的道理是，没有傅母和保姆在场晚上是不能出门的。"后来宋国姬的保姆来了，她的仆人又来请她逃到安全的地方，宋国姬说："傅母还没有到，怎么可以因为混乱而失了礼节？"始终不肯离开，火烧了过来，竟把宋国姬活活烧死了，那年她已经六十岁了。

sān shí sān jìng jiāng shèn bié

三十三 敬姜慎别

【原评】以叔祖母与侄孙之亲，且年已七十，而在朝中不与言，在寝门内言不逾阈。其别于男女之礼严矣！至夜绩所论劳则思，思则善心生；逸则淫，淫则忘善，忘善则恶心生各语。尤足为妇人持身之法。

zhōu jìng jiāng zhě lǔ dà fū mù bó zhī qī wén bó zhī
【原文】周敬姜者，鲁大夫穆伯之妻，文伯之
mǔ jì kāng zǐ zhī zòng shū zǔ mǔ yě bó dá zhī lǐ xiàng fū
母，季康子之从叔祖母也。博达知礼，相夫
jiào zǐ wú bú jìn shàn xíng nián qī shí rú jì shì kāng zǐ
教子[①]，无不尽善。行年七十，如季氏[②]，康子
zài cháo yǔ zhī yán bú yìng cóng zhī jí qǐn mén bú yìng ér
在朝，与之言，不应。从之，及寝门[③]，不应而
rù qí hòu kāng zǐ wǎng jiàn jìng jiāng wéi mén ér yǔ zhī yán bù
入。其后康子往见，敬姜闱门而与之言[④]，不
yú yù kǒng zǐ chēng qí bié yú nán nǚ zhī lǐ
逾阈[⑤]。孔子称其别于男女之礼。

【注释】①**相**：去声，辅助。②**如**：到，往。③**寝门**：泛指内室之门。④**闱**：古代宫室两侧的小门。⑤**逾**：越。**阈**：门坎。

【译文】周朝的敬姜，是鲁大夫穆伯的妻子，文伯的母亲，也是季康子的堂叔祖母。她为人博学，通达礼仪，照顾丈夫教育儿子，每件事都尽善尽美。她七十岁的时候，到季康子那去，正逢季康子在上朝，季康子跟她说话，敬姜也不答应。季康子跟着她到了内室的门，敬姜始终不理季康子，自己走了进去。后来季康子去拜见她，敬姜站在门内对嵇康说话，不迈出门槛。孔子因此称敬姜很懂得男女有别的礼节。

sān shí sì　mèng zhǎng liú fù

三十四　孟仉留妇

【原评】孟子不悦，以礼也。其妻求去，亦以礼也。孟母以礼明之，是孟子以礼，而犹未尽合礼也。其妻似失礼，而实未为失礼也。孟母训子，礼教多端，此第举其一隅耳。

【原文】周孟轲妻由氏，方暑而袒[①]，孟子愠[②]，不入。妇辞其姑仉氏，曰："妇人在私室，见夫不行客礼。今夫子以客礼责妾，是客妾也[③]。妇道不客宿，请归父母。"孟母谓轲曰："礼，将上堂，声必扬，所以戒人也；将入户，视必下，恐见人过也。今子不察于礼[④]，而责人，不亦远乎？"轲谢，遂留妇。

【注释】①**袒**：露出手臂。②**愠**：生气。③**客妾**：把妻子当做客人对待。④**察**：仔细看。

【译文】周朝孟轲的妻子由氏，因为天气炎热就袒露着两只胳膊，孟子见了很生气，不肯进房间门。由氏见状，便去辞别婆婆仉氏，说："妇人在自己的房间，见到夫君是不用行宾客的礼节的。如今夫子用宾客的礼节责备我，是把我当客人看待了。妇人的道理是做客人的不能留宿，请准许我回父母家。"孟子的母亲就对孟轲说："礼，如果要走到厅堂上的时候，声音一定要上扬，好让别人听见；要走到卧室里的时候，眼睛一定要向下看，是以免看到别人的过错。如今你对礼还不太明白，却因此责备别人，难道不是更远离了礼吗？"孟轲对自己的过失向母亲道歉，于是就留住了自己的夫人。

三十五 宿瘤采桑

sān shí wǔ sù liú cǎi sāng

【原评】吕坤谓女子岂在色哉？一宿瘤也，恪遵父命，采桑不睨，且其识见高远，应对有礼。湣王用其言，齐国因以大治。彼尤物者，徒倾人城国耳，何以为哉！何以为哉！

zhōu qí dōng guō cǎi sāng nǚ xiàng yǒu dà liú gù hào yuē

【原文】周齐东郭采桑女，项有大瘤[①]，故号曰

sù liú mǐn wáng chū yóu chē qí shèn shèng bǎi xìng jìn qū guān

“宿瘤”。湣王出游，车骑甚盛，百姓尽趋观，

nǚ cǎi sāng rú gù mù bù yī shì wáng zhào wèn zhī yìng duì yǒu

女采桑如故，目不一视。王召问之，应对有

lǐ yuè qí xián mìng hòu chē zài zhī nǚ yuē bú shòu fù mǔ

礼，悦其贤，命后车载之。女曰：“不受父母

zhī jiào ér suí dà wáng shì bēn nǚ yě wáng dà cán chēng wéi

之教而随大王，是奔女也[②]。”王大惭，称为

shèng nǚ yǐ jīn bǎi yì pìn wéi hòu yòng qí yán ér jī yuè zhī

圣女，以金百镒聘为后[③]。用其言，而期月之

jiān wēi zhèn lín guó zhū hóu cháo zhī

间[④]，威震邻国，诸侯朝之。

【注释】①**瘤**：身体组织增殖生成的赘生物。②**奔女**：私奔之女。③**镒**：古代重量单位。④**期月**：一整年。

【译文】周朝时，齐国东部有一个采桑的女子，因为脖子上有个大瘤，所以人家都叫她宿瘤女。一天湣王出外游玩，车马随从众多，十分壮观，百姓们纷纷上前围观，只有宿瘤女仍旧采桑，目不斜视。湣王觉得奇怪，就命人把她叫来问问，宿瘤女的回答很符合礼节，湣王很欣赏她的贤德，就下令后头的车子载她到宫里去。宿瘤女说：“没有受父母的命令就跟随着大王您，那是私奔的女子。”湣王听后十分惭愧，就用百两黄金做聘礼，聘她做皇后。湣王听了她的劝说来治理国事，果然不到一年时间，齐国的名声震动了邻国，诸侯们纷纷前来朝见。

sān shí liù　wèi zōng èr shùn

三十六　卫宗二顺

【原评】吕坤曰:“古妇人无子,五十出为女师。未闻此礼通于天子诸侯。而卫夫人不敢以嫡自安,必有见哉。若傅妾不敢以小贵变节,守分终身,礼意周至,尤堪钦佩。”

【原文】
zhōu wèi jūn zú fū rén wú zǐ ér fù qiè zǐ lì gòng
周卫君卒，夫人无子，而傅妾子立，供
yǎng fū rén shèn jǐn fù qiè shì fū rén yì yù jǐn fū rén yǐ wú
养夫人甚谨，傅妾事夫人亦愈谨。夫人以无
zǐ lǐ yīng chì chù ér fǎn rǔ zhǔ jūn zhī mǔ shēn zì nèi
子，礼应斥绌①，而反辱主君之母②，深自内
cán yuàn chū jū wài fù qiè yǐ sān bù xiáng qì duì fū rén zhōng
惭，愿出居外。傅妾以三不祥泣对③，夫人终
yuàn jū wài fù qiè yù zì shā qí zǐ qì ér shǒu zhī fū rén
愿居外。傅妾欲自杀，其子泣而守之。夫人
jù suì xǔ liú yān rén chēng wéi wèi zōng èr shùn
惧，遂许留焉。人称为卫宗二顺。

【注释】①**斥绌**：弃逐，黜免。绌，同“黜”，罢免，革除。②**主君**：国君。③**三不祥**：三种不吉祥的事。

【译文】周朝时候，卫国的国君死了，夫人又没有儿子，所以就立了傅妾的儿子为国君。傅妾的儿子侍奉夫人十分恭谨，傅妾侍奉夫人也越发地恭谨了。夫人因为自己没有儿子，依照礼法应当被弃逐，现在反而要让君主的生母侍奉自己，内心觉得十分惭愧，因此想到外面住。傅妾哭着举出了三种不吉祥的理由，而夫人还是想住到外面。傅妾想要自杀，他的儿子哭泣着看着她。夫人也怕傅妾真的自杀，于是就答应留下来。人们赞美卫君夫人和傅妾是卫宗二顺。

sān shí qī bān jī cí niǎn
三十七 班姬辞辇

【原评】吕坤谓同辇之宠，皆后妃嫔御所祷而求之也。班姬既辞而后谏，可谓受宠若惊矣。至其后为赵飞燕姊妹妒宠，争进所谮，从容辨谤，义正词严，自求供事太后于长信宫以避妒。不贤而能之乎。

hàn chéng dì jié yú bān shì xiào wèi kuàng zhī nǚ biāo zhī
【原文】汉成帝婕妤班氏[1]，校尉况之女[2]，彪之
gū yě dì yóu hòu tíng yù yǔ tóng niǎn bān jī cí yuē
姑也。帝游后庭[3]，欲与同辇[4]，班姬辞曰：
qiè guān gǔ shèng dì míng wáng jiē yǒu xián rén zhèng shì shì qí zuǒ
“妾观古圣帝明王，皆有贤人正士侍其左
yòu wéi shuāi shì zhī jūn nǎi yǒu nǚ bì zài cè qiè bù gǎn shì
右，惟衰世之君，乃有女嬖在侧[5]，妾不敢恃
ài yǐ lěi shèng míng dì shàn qí yán ér zhǐ tài hòu wén zhī xǐ
爱以累圣明。”帝善其言而止。太后闻之，喜
yuē gǔ yǒu fán jī jīn yǒu bān jié yú měi jìn jiàn shàng
曰：“古有樊姬，今有班婕妤。”每进见上
shū yī zé gǔ lǐ dì cháng chēng shàn yān
疏[6]，依则古礼[7]，帝常称善焉。

【注释】①**婕妤**：古代女官名。是妃嫔的称号，俸禄与列侯同。②**校尉**：武官名。西汉始定为武官名，位略次于将军，并随职务冠名号。③**后庭**：后宫。④**辇**：天子的车。⑤**嬖**：宠幸。⑥**上疏**：臣下向皇帝进呈奏章。⑦**则**：法则。

【译文】汉成帝的妃子班氏，名叫班姬，是校尉官班况的女儿，班彪的姑母。有一天汉成帝在后宫游玩，想和班姬乘坐同一辆车，班姬辞谢说：“我看古代圣明的君主乘车时，都有贤人君子侍立在左右，只有乱世的君主才会有女子在身旁乘车，我不敢因为您的宠爱而拖累了您的圣明。”汉成帝觉得她说得很对，就不叫她与自己同乘游玩了。太后听闻此事后非常高兴，说：“古时有樊姬，今日有班婕妤。”班姬每次去见皇帝，向皇帝上疏，都会依照古时的礼法，汉成帝常常称赞她的贤惠。

sān shí bā yáng liú zé zǐ

三十八　杨刘责子

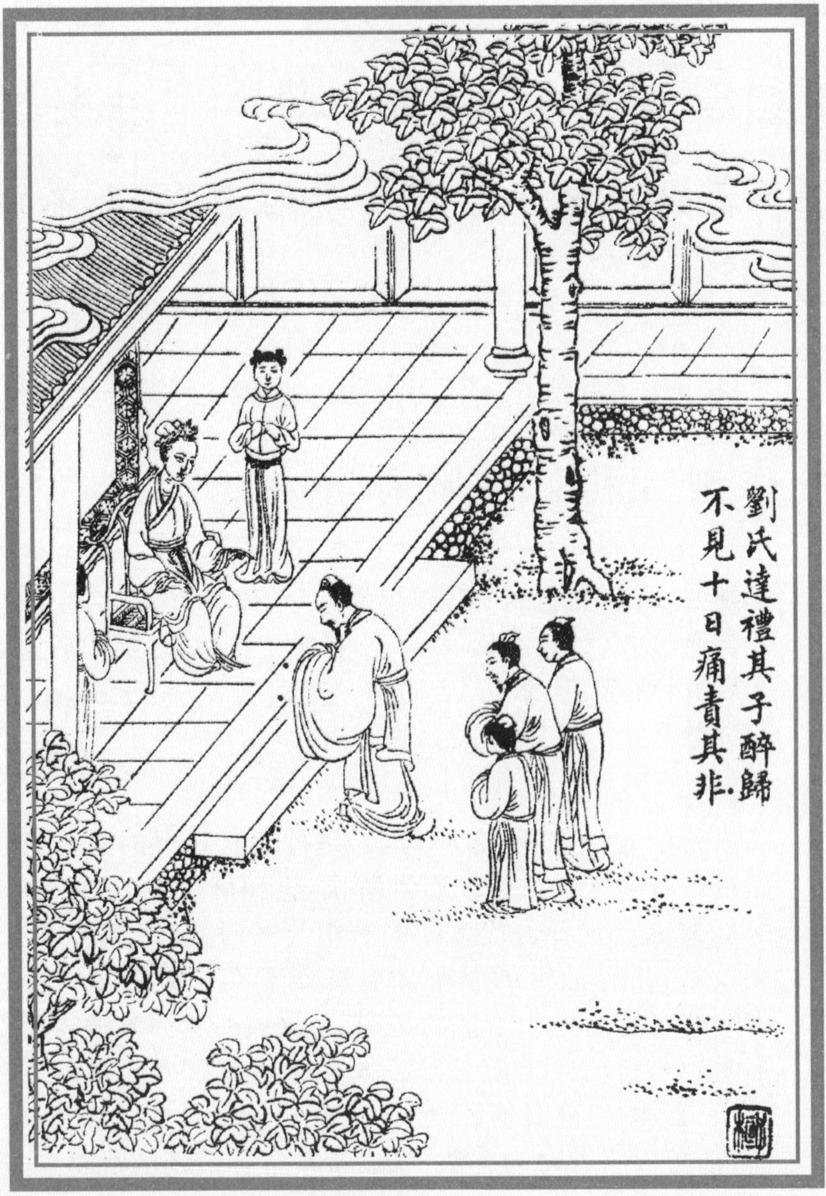

【原评】禹恶旨酒而好善言，盖酒以成礼，亦易以败礼。冠昏丧祭，以酒成礼也。惟酒无量，不及乱。常出饮酒，已失礼矣。自御而归，失礼之甚。刘氏贞顺达礼，宜其十日不予见也。

【原文】汉杨元琮母刘氏，字泰瑛，益都人[①]。贞顺达礼[②]，早寡，有四子，元琮其长也。常出饮酒，自御而归[③]，刘氏不见十日。元琮因诸弟谢过[④]，刘氏乃数之曰[⑤]："夫饮食有节，不至沉湎者[⑥]，礼也。汝乃荒慢无礼，自为败首[⑦]，何以帅诸弟乎[⑧]？"

【注释】①**益都**：今山东省青州市。②**达礼**：通达礼仪。③**御**：驾驶马车。④**因**：顺着，凭着。⑤**数**：责备。⑥**沉湎**：此处指酗酒。⑦**败首**：首先破坏礼法。⑧**帅**：同"率"，表率。

【译文】汉朝人杨元琮的母亲刘氏，字泰瑛，是益都人。她为人贞节和顺，通达礼仪，早年丧夫，有四个儿子，杨元琮是长子。杨元琮常常外出喝酒，并且自己驾车回来，刘氏因此十天不许儿子见她。杨元琮顺着三位弟弟到她面前谢罪，刘氏就责备他说："喝酒吃东西要有节制，不至于沉湎其中，这是合乎礼法的。你荒唐不知礼节，自己首先破坏礼法，又怎么能做弟弟们的表率呢？"

sān shí jiǔ　guī qī lǐ zōng
三十九　规妻礼宗

【原评】吕坤曰："哀哉皇甫妻也！有色有文有礼，而早丧其夫。义哉皇甫妻也！强之以聘，威之以刑，而志不可夺。其跪卓乞免，以礼哀求，可谓从容不迫矣。不爱死，不求死，不畏死，不得已而后死，其善用死者哉！"

【原文】汉皇甫规继妻，善属文[①]，工草书。规卒，董卓慕其名，强聘焉，乃縗服跪卓门[②]，以礼哀求。卓不听，遂起骂卓曰："羌胡之种[③]，敢行非礼于尔君夫人耶！"卓怒，以其头悬车轭[④]，鞭扑交下。规妻谓杖者曰："何不重乎？速尽为惠。"骂不绝口而死。后人图其像，号曰"礼宗"。

【注释】①**属**：连缀，接连。②**縗服**：丧服。③**羌**：中国古代西部的民族。④**车轭**：车辕前端用以扼牛马之颈的器具。

【译文】汉朝人皇甫规的后妻，善于写文章，对草书很有研究。皇甫规死后，董卓爱慕她的名声，于是强行下聘娶她，皇甫夫人穿着丧服跪在董卓门前，用礼节苦苦哀求，董卓不听，于是皇甫夫人起身骂董卓道："你这个蛮夷之人，难道敢对你的君夫人做非礼的事情吗！"董卓听了大怒，把皇甫夫人的头吊在车辕前端用以扼牛马之颈的器具上，鞭子像雨点一样地抽打着她。皇甫夫人对那打她的人说："为什么不打得再重一点？快点打死我就是你对我的恩惠了。"她对董卓骂声不绝口，直到死去。后人描画了皇甫夫人的图像，称她为"礼宗"。

sì shí wéi sòng xuān wén
四十　韦宋宣文

【原评】考宋氏家世以儒学传，幼丧母，其父无子，躬自养之。及长，授以《周官音义》，勿令绝世。乃以八十之年，尚隔绛纱以授生徒。而《周官音义》，赖以大行。赐号宣文，不亦宜乎。圣经贤传，固妇人所不废也。

qián qín fú jiān shí lǐ yuè yí quē zhōu guān lǐ zhù

【原文】前秦苻坚时①，礼乐遗缺，《周官礼注》②，

bù dé qí shī wén tài cháng wéi chěng mǔ sòng shì chuán qí fù yè

不得其师。闻太常韦逞母宋氏③，传其父业，

suī zāo sāng luàn bú wàng suǒ shòu nián bā shí yú shì tīng wú quē

虽遭丧乱，不忘所授，年八十余，视听无缺。

nǎi jiù sòng shì jiā lì jiǎng táng zhì shēng yuán bǎi èr shí rén gé

乃就宋氏家，立讲堂，置生员百二十人④，隔

jiàng shā shòu yè hào sòng shì wéi xuān wén jūn cì shì bì shí rén

绛纱受业⑤。号宋氏为宣文君，赐侍婢十人。

yóu shì zhōu lǐ zhī xué shèng xíng yú shì

由是《周礼》之学，盛行于世。

【注释】①**前秦**：前秦(350年—394年)是十六国之一。**苻坚**(338-385)：十六国时前秦皇帝。②**周官**：书名，记载周代官制等的书籍。③**太常**：太常是掌建邦之天地、神祇、人鬼之礼，吉凶宾军嘉礼以及玉帛钟鼓等文物的官员。④**生员**：指在学学生数额。⑤**绛**：赤色。

【译文】在五胡前秦苻坚做皇帝的时候，礼乐遗失缺散，《周官礼注》找不到能够讲解的老师。听闻太常韦逞的母亲宋氏，传承她父亲的祖业，虽然遭逢乱世，但牢记父亲所教授她的，年纪已经八十多岁了，耳聪目明。于是就在宋老妇人的家里，设立了一个讲堂，招了一百二十个学生，隔着一层赤色的纱帐授课。人们都称宋老妇人为宣文君。秦王赏赐给她十个丫环。从此以后《周礼》的学问，在世间盛行。

sì shí yī　ní nǚ jù rǔ

四十一　兒女拒辱

【原评】按：兒女或作兒先氏女。以老生不禀父母，擅相陵辱，欲苟行无礼，故宁身死耳。吕坤曰："兒女贤乎哉！固吾夫也，而合卺未行，宁死不为苟合之事，况非其夫者乎。彼窥穴逾墙者，其夫耶非耶。"

【原文】
hòu wèi jīng zhōu ní shì nǚ xǔ jià péng lǎo shēng jiā pín
后魏泾州兒氏女①，许嫁彭老生。家贫，
cháng zì chōng jī yǐ yǎng qīn lǎo shēng wǎng fàn zhī bù cóng lǎo shēng
常自舂汲以养亲②。老生往犯之，不从。老生
yuē rǔ zhōng wéi wú fù nǚ yuē nǚ dào zhèng zhōng fù dào
曰："汝终为吾妇。"女曰："女道正终，妇道
zhèng shǐ lǐ wèi chéng hé xiāng rǔ lǎo shēng kǔ xiāng bī nǚ biàn
正始。礼未成，何相辱？"老生苦相逼，女变
sè jiān jù lǎo shēng nù ér cì zhī nǚ yuē wǒ suǒ yǐ zhí
色坚拒。老生怒而刺之，女曰："我所以执
jié zhèng wèi jūn shǒu shēn bù gǎn gǒu cóng ěr yán qì ér jué
节，正为君守身，不敢苟从耳③。"言讫而绝④。
guān zuì lǎo shēng zhào jīng qí mù yuē zhēn nǚ
官罪老生，诏旌其墓曰"贞女"⑤。

【注释】①**泾州**：在今甘肃泾川县。**兒**：姓，同"倪"。②**舂**：把东西放在石臼或乳钵里捣掉皮壳或捣碎。**汲**：取水。③**苟从**：盲从，无原则地顺从。④**讫**：完结，终了。⑤**旌**：表扬，表彰。

【译文】后魏时泾州这个地方有个姓兒的女子，许配给彭老生做妻子。家里很穷，她常常亲自舂米打水来奉养双亲。彭老生要冒犯她，她不答应。彭老生说："你早晚都是我的妻子。"兒氏女子说："做女子的道理要正大光明地出嫁，做妇人的开端要合乎礼仪法度。我们还没有举行过结婚的礼仪，你为什么要来侮辱我呢？"彭老生苦苦相逼，兒氏女子变了脸色坚定地拒绝了他。彭老生十分愤怒，就拿刀刺她，兒氏女子说："我之所以坚持守节，是为你守身如玉啊，因此才不敢盲目顺从你的。"说完之后就气绝身亡。官府给彭老生判了罪，皇上下诏在兒氏女子的坟墓上表彰"贞女"二字。

sì shí èr　lù jīn sǐ wén

四十二　露筋死蚊

【原评】吕坤谓姑嫂同行，旦夕不离，即投民舍，稍避须臾，谁得议之？贞女守礼，重于生死如此。古时侍从无人，虽母子父女不同室，所谓男女有别也。无别而不苟合者有矣，未有苟合而不始于无别者也。

【原文】唐淮安女①，年十八，兵乱，母被掠，女与嫂往求之。过高邮，其地蚊盛，夜若轰雷②，非帐中不能避。有男子招入帐，嫂从之。女曰：“礼，男女别嫌③。阿家为谁而可入耶④？”独露宿草莽中⑤，竟为蚊嘬而死⑥，筋有露者。土人立祠祀之，世传为露筋庙。

【注释】①**淮安、高邮**：都是江苏地名。②**轰**：形容大的声响。③**嫌**：疑惑，可疑的地方。④**阿家**：这家的意思。⑤**草莽**：草丛。⑥**嘬**：叮，咬。

【译文】唐朝淮安地区有个女子，十八岁的时候，遇到兵变，她的母亲被捉去了，淮安女子就和她的嫂嫂去寻找母亲。路过高邮，这个地方蚊子极多，到了晚上蚊虫鸣叫的声音轰轰隆隆好像天上在打雷一样，除了蚊帐里就没有能躲避的地方了。这时有男子招呼她们到蚊帐里躲避，嫂嫂跟着去了。淮安女子说：“按照礼法，男人和女人应当避嫌。那家人是什么人都不知道，怎么能够进他们的蚊帐呢？”于是就独自一人在草丛中露宿了一夜，第二天早上，竟然被蚊子咬死了，肉里的筋都露了出来。于是当地人就造了一间庙来纪念她，后世把这个庙叫作露筋庙。

sì shí sān　qí yáng sǔn yì
四十三　岐阳损抑

【原评】妇道之衰也久矣。贵嫁贱,富嫁贫,则慢视舅姑,轻侮夫婿。见夫党尊长,则倨傲轻浮,此皆无知妇女。识者笑之,而彼方志骄意得,毫不知愧。今观岐阳公主,天子之女,克谨妇道如此,可谓贤矣。

táng dù cóng shàng qí yáng gōng zhǔ guī jiā zhǔ bài qǐ yòng
【原文】唐杜悰，尚岐阳公主①。归家，主拜起用
jiā rén lǐ shì jiù gū yǐ xiào wén suǒ cì nú bì jiē zòu huán
家人礼，事舅姑以孝闻。所赐奴婢，皆奏还，
lìng shì yòng zhī shí guó xù háo hèng zhǔ yù jiā sǔn yì cóng
另市用之②。时国婿豪横③，主愈加损抑。悰
wéi lǐ zhōu cì shǐ zhǔ yǔ xié cóng bì chéng lǘ bú ròu shí
为澧州刺史④，主与偕，从婢乘驴，不肉食。
zhōu xiàn gòng jù xī jù bú shòu gū qǐn jí zhǔ bù jiě yī zhě
州县供具，悉拒不受。姑寝疾，主不解衣者
shù yuè yào mí bù cháng bú jìn kāi chéng zhōng qǐng xié cóng rù
数月，药糜不尝不进⑤。开成中⑥，请偕悰入
cháo zú yú dào shì yuē zhuāng shū
朝，卒于道。谥曰“庄淑”⑦。

【注释】①**尚**：配，因为是帝王之女所以不称娶，而尊称为尚。②**市**：买。③**国婿**：俗称驸马。④**澧州**：在今湖南澧县。⑤**糜**：粥。⑥**开成**：文宗年号。⑦**淑**：善、美。

【译文】唐朝人杜悰，娶了岐阳公主为妻。回到家后，岐阳公主并不因自己公主的身份，一切起用都依照普通人家的礼节，侍奉公婆以孝顺闻名。皇帝赏赐的奴仆，她全部归还给了皇帝，自己另外去买。那时驸马十分奢侈横暴，岐阳公主越来越谦恭自抑。杜悰当时调任澧州刺史，公主和他同去，跟着侍婢一起骑驴，路途中不吃肉。州县里的官员送东西来，公主都一概拒绝不受。婆婆有病睡在床上，公主不眠不休好几个月侍奉在旁，药和粥亲自尝过了才喂给婆婆。开成年间，她请求和杜悰一起入京朝见皇帝，结果在路途中去世。皇帝给她谥号为庄淑。

sì shí sì　chéng hóu shèng dé

四十四　程侯盛德

【原评】吕坤曰："庶子从叔，妇人所厌恶者也，夫人视如己子。幼子，妇人所溺爱者也，夫人俨若严师。小臧获，妇人所责备者也，夫人不轻笞扑，慈而正，严而恩。二子皆为大儒，有自哉。"

sòng chéng shǎng qī hóu shì shì jiù gū xiào jǐn yù qīn qī ài
【原文】宋程晌妻侯氏，事舅姑孝谨，遇亲戚爱
jìng yǔ shǎng xiāng dài rú bīn suī xiǎo shì wèi cháng zhuān bì bǐng ér
敬，与晌相待如宾。虽小事未尝专，必禀而
hòu xíng fǔ ài zhū shù bú yì jǐ chū cún shì gū shū cháng
后行。抚爱诸庶，不异己出。存视孤叔①，常
jūn jǐ zǐ zhì jiā yǒu fǎ bù yán ér zhěng wèi cháng biān pū nú
均己子。治家有法，不严而整，未尝鞭扑奴
bì wéi zhū zǐ yǒu guò bù yǎn cháng yuē zǐ zhī suǒ yǐ bù
婢②，惟诸子有过不掩③。尝曰："子之所以不
xiào zhě yóu mǔ bì qí guò ér fù bù zhī ěr èr zǐ hào yí
肖者，由母蔽其过而父不知耳。"二子灏颐
jūn guì fēng shàng gǔ jùn jūn
均贵，封上谷郡君④。

【注释】①**孤叔**：没有父亲的叔叔。②**鞭扑**：指用鞭子或棍棒抽打。③**掩**：遮盖，遮掩。④**上谷郡**：在今河北易县。

【译文】宋朝人程晌的妻子侯氏，侍奉公婆十分孝顺谨慎，对亲戚怜爱恭敬，与丈夫程晌相敬如宾。即便是很小的事情也不曾专断，一定要禀告程晌然后施行。对庶出孩子的抚育疼爱丝毫不亚于亲生孩子。看待那死了父亲的小叔子，吃的、穿的和自己的儿子一样平均。治理家务很有法度，不严厉却很有秩序，从来没有用鞭子抽打过下人，惟独自己的孩子犯错时毫不包庇。她曾经说："儿子之所以不成材，是因为母亲包庇他的过错而父亲不知道。"侯氏的两个孩子程灏和程颐后来都做了官，侯夫人被封为上谷郡君。

sì shí wǔ　　shēn guó jiā guī

四十五　中国家规

【原评】吕坤曰："善教子者，一严之外无他术；善用严者，一慎之外无他道。今人教子，每事疏忽宽纵，不耐留心，及德性已坏，而笞扑日加，徒令伤恩，无救于晚。视申国夫人，可以悟矣。"

sòng lǚ róng gōng xī zhé mǔ shēn guó fū rén jiào zǐ shì shì
【原文】宋吕荣公希哲母申国夫人，教子事事
xún guī dǎo jǔ fǔ shí suì qí hán shǔ yǔ shì lì zhōng
循规蹈矩[①]。甫十岁[②]，祁寒暑雨[③]，侍立终
rì bú mìng zhī zuò bù gǎn zuò rì bì guān dài jiàn zhǎng zhě píng
日，不命之坐不敢坐。日必冠带见长者。平
jū kù shǔ zài zhǎng zhě cè bù dé qù jīn wà yī fú wéi
居酷暑[④]，在长者侧，不得去巾袜，衣服惟
jǐn bú rù chá fāng jiǔ sì zhèng wèi zhī yīn wèi cháng yī jīng yú
谨。不入茶坊酒肆。郑卫之音[⑤]，未尝一经于
ěr bú zhèng zhī shū wèi cháng yī jiē yú mù gù gōng dé qì chéng
耳；不正之书，未尝一接于目。故公德器成
jiù dà yì yú rén
就[⑥]，大异于人。

【注释】①**循规蹈矩**：**循**、**蹈**：遵循，依照。规、矩是定方圆的标准工具，借指行为的准则。原指遵守规矩，不敢违反。②**甫**：刚刚，才。③**祁**：盛大。祁寒，严寒，极冷。④**酷暑**：极热。⑤**郑卫之音**：郑卫，指春秋时的郑国和卫国。指春秋战国时郑、卫等国的民间音乐。古称郑卫之俗轻靡淫逸，因以借指风俗浮华淫靡的地方和音乐。⑥**德器**：德行气度。

【译文】宋朝人吕荣公希哲的母亲申国夫人，教育儿子事事都依照规矩。早在吕希哲十岁时，不论是极冷还是很热的天气，都整日站在母亲身边，母亲不让他坐他就不敢坐。每天都要穿戴整齐拜见长辈。平日里遇到酷暑，站在长者身边，也不能脱去头巾和袜子，衣服一定要整齐。不去茶坊酒肆这样的地方，因此市井里不正经的言谈和音乐从来没有进过吕希哲的耳朵；不正经的书籍，也从来没有进入过吕希哲的眼睛。因此吕希哲德行高尚，有大气度，和别人大不相同。

sì shí liù yì xīn lǐ fǎ
四十六 意辛礼法

【原评】富贵家妇女，不知事夫之道，辄以心计手段，固宠取怜，风气日坏，至用厌魅，尤不堪言矣。萧氏礼法，诚属救时良箴，且皆从体验中来。观其颠沛随贬，服劳致敬，未尝忘礼。卒见召还，非行礼之效乎？

liáo yē lǜ nú qī xiāo yì xīn fù mǎ táo sū gàn nǚ yě
【原文】辽耶律奴妻萧意辛，附马陶苏干女也。
huì dì sì zhēng yán yā mèi yǐ qǔ fū chǒng xiāo yuē yā mèi bù
会娣姒争言厌魅以取夫宠①，萧曰："厌魅不
rú lǐ fǎ zhòng wèn ruò hé xiāo yuē xiū jǐ yǐ jǐn fèng zhǎng
如礼法。"众问若何，萧曰："修己以谨，奉长
yǐ jìng shì fū yǐ róu fǔ xià yǐ kuān cǐ zhī wèi lǐ fǎ yǒu
以敬，事夫以柔，抚下以宽，此之谓礼法。有
cǐ sì zhě fū zì bù gǎn qīng yì zhòng jiē cán fú hòu qí fū
此四者，夫自不敢轻易。"众皆惭服。后其夫
bèi wū dāng liú xiāo zòu zhǔn jù xíng zài biǎn suǒ qīn zhí yì shì
被诬当流②，萧奏准俱行，在贬所亲执役事，
shì fū lǐ jìng yǒu jiā
事夫礼敬有加。

【注释】①**娣姒**：妯娌。兄妻为姒，弟妻为娣。**厌魅**：谓用迷信方法祈祷鬼神以迷惑或伤害别人。②**流**：旧时的刑罚，把犯人送到荒远的地方去。

【译文】辽国人耶律奴的妻子，是附马陶苏干的女儿。有一次妯娌间在谈论用邪法获得丈夫的宠爱，萧意辛说："用邪法不如用礼法。"大家问怎么样叫做用礼法，萧意辛说："自己行事要谨慎，侍奉长辈要恭敬，照顾丈夫要温柔，抚慰下人要宽容，这就是所谓的礼法。有这四种礼法，丈夫自然不敢看轻你。"众人都十分惭愧、佩服。后来萧意辛的丈夫被人诬陷将要流放，萧意辛启奏皇上请求与夫君一起去。在流放时她亲自做着一切的劳苦事务，侍奉丈夫也更加恭敬。

sì shí qī dú jí zhěng sù

四十七 独吉整肃

【原评】吕坤谓独吉氏，胡妇女也。恐辱于兵，乃能从容就死，死犹覆面焚尸，不使暴露，其重礼如此。忠臣节妇，各蹈水火以成仁。则生于华夏礼义之邦者，当知所止矣。

jīn sǎ hé niǎn qī dú jí shì zì yòu duān jǐn dòng zūn lǐ
【原文】金撒合辇妻独吉氏，自幼端谨，动遵礼
fǎ yuán bīng wéi chéng niǎn fā bèi jū bù néng jūn shì yuē
法。元兵围城，辇发背疽[①]，不能军[②]。氏曰：
jūn ēn shēn hòu dāng lì zhàn ér sǐ niǎn lì jí xún chéng shì
“君恩深厚，当力战而死。”辇力疾巡城[③]，氏
xī yǐ zī huò jǐ jiā rén yuē wǒ sǐ zé yú zhī tà shàng
悉以资货给家人，曰：“我死则舁之榻上[④]，
fù yǐ qīn jǔ huǒ fén zhī suì rù shì zì jīng niǎn guī
覆以衾[⑤]，举火焚之。”遂入室自经[⑥]。辇归，
tòng kū yuē fū rén bù rǔ wǒ wǒ kě rǔ cháo tíng hū nǎi
恸哭曰[⑦]：“夫人不辱我，我可辱朝廷乎！”乃
fén shī chéng xiàn niǎn lì zhàn bù zhī tóu háo sǐ
焚尸。城陷，辇力战不支，投濠死[⑧]。

【注释】①**疽**：中医指一种毒疮。②**军**：行军。③**力疾**：勉强支撑病体。**巡**：往来查看。④**舁**：抬。⑤**覆**：盖。**衾**：大被子。⑥**自经**：上吊自杀。⑦**恸哭**：极悲哀，痛哭。⑧**濠**：护城河。

【译文】金国人撒合辇的妻子独吉氏，从小端正谨慎，一切行为都遵照礼法。元朝士兵围城，撒合辇背上长疽，不能参军。独吉氏对他说：“皇上恩泽深厚，你应当尽全力死战。”于是撒合辇勉强支撑着病体巡逻，独吉氏把家里的财产货物尽数分散给家人，并对他们说：“我死后就把我抬到榻上，盖上被子，一把火烧掉。”说完就走到房里上吊自杀了。撒合辇回来后痛哭着说：“夫人不负我，我难道能辜负朝廷吗！”于是便焚化了妻子的尸体。后来城郭被攻陷，撒合辇竭力奋战也难以支撑，于是就投护城河而死。

sì shí bā　yán yóu duān kè
四十八　颜游端恪

【原评】《易》曰："家人有严君焉，父母之谓也。"母何以亦称严？盖母不严，则"妇子嘻嘻"，遑言礼节。必父母俱严，内外齐肃，然后父子兄弟夫妇之间，各尽其道，而家道以正。游氏治家以礼，殆深明《易》理欤。

【原文】明颜从仕母游氏，怀宁人也①。端庄诚恪，克勤克俭。督诸子学②，无间昕夕③。诸妇晨起，必整容问安否，稍懈，即以礼导之。诸子遇游氏垂询④，必正襟以对⑤，无敢或慢。同室数百指⑥，平居不闻人声，里党则焉⑦。后年八十余卒。

【注释】①**怀宁**：位于今安徽省。②**督**：监督。③**昕**：太阳将要出来的时候。④**垂询**：屈尊询问(敬辞)。⑤**正襟**：整一整衣服。⑥**指**：计人口的数量的词。⑦**里党**：邻里，乡党。**则**：效法。

【译文】明朝人颜从仕的母亲游氏，是怀宁人。她性格端庄谨慎，勤俭持家。监督儿子学习，从早到晚都不间断。媳妇们早上起床，必定要整理仪容前来给游氏请安，如果稍有懈怠，游氏就会用礼法教导她们。儿子们遇到母亲询问，一定要正衣襟，整理仪容后回答，不敢稍微有所怠慢。家里住了几百人，平时没有一丝声音，邻里乡党都争相效仿。游氏一直活到八十多岁。

sì shí jiǔ　qú yuàn jìng shàng

四十九　蘧瑗敬上

【原评】夫忠臣孝子，不以昭昭伸节，不以冥冥堕行。盖其礼，根于心，形诸外，悉出于至性至情，而非矫揉造作为之也。伯玉之不以暗昧废礼，且能见信于深宫。而南子之智，实能及之，则加卫灵公一等矣。

zhōu wèi qú yuàn zì bó yù nián wǔ shí zhī sì shí jiǔ

【原文】周卫蘧瑗，字伯玉。年五十，知四十九

nián zhī fēi líng gōng yǔ fū rén nán zǐ yè zuò wén chē shēng lín

年之非。灵公与夫人南子夜坐，闻车声辚

lín zhì què ér zhǐ nán zǐ yuē cǐ qú bó yù yě gōng

辚，至阙而止[1]。南子曰：“此蘧伯玉也。”公

yuē hé yǐ zhī zhī nán zǐ yuē lǐ xià gōng mén shì

曰：“何以知之？”南子曰：“礼，下公门[2]，式

lù mǎ suǒ yǐ guǎng jìng yě jūn zǐ bù yǐ míng míng duò xíng

路马[3]，所以广敬也。君子不以冥冥堕行[4]。

bó yù xián dà fū yě jìng yǐ shì shàng cǐ qí rén bì bù yǐ

伯玉，贤大夫也，敬以事上，此其人必不以

àn mèi fèi lǐ gōng shǐ wèn zhī guǒ bó yù yě

暗昧废礼。”公使问之，果伯玉也。

【注释】①**阙**：古代宫殿、祠庙或陵墓前的高台，通常左右各一，台上起楼观。二阙之间有道路。②**下**：下车。③**式**：古代车厢前面用作扶手的横木。**路马**：古代指为君主驾车的马。因君主之车名路车，故称。④**冥冥**：昏暗。

【译文】周朝的卫蘧瑗，字伯玉。五十岁的时候，知道自己四十九年前的是与非。灵公和夫人南子晚上在宫里闲坐，听见有车声辚辚，到宫门的高台处就不响了。南子说：“这一定是蘧伯玉。”灵公说：“你怎么知道这就是他呢？”南子说：“按照礼节，在宫门下车，看见君主的车要扶轼，以此来表示敬意。君子即使在昏暗的地方也不放纵自己的行为。伯玉是一个贤良的大臣，侍奉皇上十分恭敬，这个人一定不会因昏暗而抛弃礼节。”灵公派人去问，果然是伯玉。

wǔ shí　jìng shū shī sàn

五十　敬叔施散

【原评】《左传》载孟僖子将卒，命其大夫曰："礼，人之干也。无礼无以立。"因属说与何忌，事孔子而学礼焉，以定其位。定位，正所以自立也。是敬叔与兄懿子，幸承父命，师事孔子，而能自立者也。

zhōu lǔ nán gōng jìng shū cháng suí kǒng zǐ shì zhōu wèn lǐ yú
【原文】周鲁南宫敬叔，尝随孔子适周，问礼于
lǎo dān fǎng yuè yú cháng hóng chū jìng shū yǐ fù dé zuì bēn
老聃[①]，访乐于苌弘[②]。初，敬叔以富得罪，奔
wèi jí fǎn zài qí bǎo yǐ cháo kǒng zǐ wén zhī yuē ruò shì
卫，及反[③]，载其宝以朝。孔子闻之曰："若是
qí huò yě sàng bù rú sù pín zhī yù yě zǐ yóu wèn hé
其货也[④]，丧不如速贫之愈也。"子游问何
wèi kǒng zǐ yuē fù ér bú hào lǐ yāng yě jìng shū yǐ fù
谓，孔子曰："富而不好礼，殃也。敬叔以富
sàng yǐ ér yòu fú gǎi wú jù qí yǒu hòu huàn yě jìng shū wén
丧矣，而又弗改，吾惧其有后患也。"敬叔闻
zhī suì xún lǐ shī sàn yān
之，遂循礼施散焉。

【注释】①**聃**：老聃，即老子，姓李名耳，春秋末年思想家，道家创始人。②**苌弘**：苌，周景王、敬王的大臣刘文公所属大夫。③**反**：返回。④**货**：卖。

【译文】周朝时候，鲁国的南宫敬叔，曾跟随孔子到周国，向老聃请教礼仪，向苌弘请教古乐。最初，敬叔因为钱财的事情获罪，逃到了卫国，等他回来的时候，在朝廷里用了许多宝贝做贿赂，要求恢复官职。孔子听闻后说："如果像他这样买官做，那么丢了官还不如早点穷了好。"子贡问他为什么这么说，孔子说："富有的人不崇尚礼义，就会招致祸事。敬叔因为钱财招祸，如今又不加改正，我害怕他会有后患。"后来敬叔听说了孔子这番话，就依据礼教施舍钱财。

wǔ shí yī yán huí biàn zhì
五十一 颜回辩志

【原评】孔子为周公后尽礼之第一人,颜子为孔门中尽礼之第一人。孔子尝告以克己复礼为仁之目。非礼勿视,非礼勿听,非礼勿言,非礼勿动。颜子事斯语,孔子所以许为用行舍藏,惟我与尔有是夫。

zhōu lǔ yán huí suí kǒng zǐ běi yóu nóng shān yǔ zǐ lù zǐ
【原文】周鲁颜回，随孔子北游农山，与子路子
gòng biàn zhì yuē huí yuàn dé míng wáng ér fǔ xiàng zhī fū qí wǔ
贡辩志。曰：“回愿得明王而辅相之，敷其五
jiào dǎo zhī yǐ lǐ yuè shǐ mín chéng guō bù xiū gōu chí bú
教[①]，导之以礼乐，使民城郭不修，沟池不
yuè shì jiā wú lí kuàng zhī sī qiān suì wú dòu zhēng zhī huàn
越[②]。室家无离旷之思[③]，千岁无斗争之患。
zé yóu wú suǒ yòng qí yǒng ér cì wú suǒ yòng qí biàn kǒng
则由无所用其勇[④]，而赐无所用其辩[⑤]。”孔
zǐ lǐn rán yuē měi zāi dé hū bù shāng cái bú hài mín bù
子凛然曰：“美哉德乎！不伤财，不害民，不
fán cí zé yán shì zhī zǐ yǒu yǐ
繁词。则颜氏之子有矣。”

【注释】①**敷**：布置，铺开。**五教**：五常之教。指父义、母慈、兄友、弟恭、子孝五种伦理道德的教育。②**越**：逾越。③**旷**：空缺。④**由**：子路的名字。⑤**赐**：子贡的名字。

【译文】周朝时，鲁国的颜回跟随孔子去北方游览农山，和子路、子贡讨论各自的志向。颜回说：“我希望能遇见一位贤明的君主然后辅佐他，传播五常之教，用礼乐教化人民，让百姓不用修理城郭，各国之间互相不逾越城市。家里没有离散的愁苦，千百年没有战争的患难。那么子路的勇敢就没有用武之地了，子贡的口才也没有施展的地方了。”孔子听了他这番话，正色道：“颜回的道德是多么美好啊！不费钱财，不害百姓，不劳口舌。颜回都具备了这几样。”

wǔ shí èr　zǐ huá yán zhì

五十二　子华言志

【原评】孔子尝言能以礼让为国乎何有，不能以礼让为国，如礼何。公西华礼乐会同，足靖诸侯之纷争，洵为救时之才，而以愿学为言，其让也，即其礼也。子路亦救时之才，第为国以礼，其言不让，故哂之耳。

zhōu lǔ gōng xī chì zì zǐ huá cháng shì kǒng zǐ yán zhì

【原文】周鲁公西赤，字子华，尝侍孔子言志，

yuē fēi yuē néng zhī yuàn xué yān zōng miào zhī shì rú huì

曰："非曰能之，愿学焉。宗庙之事，如会

tóng duān zhāng fǔ yuàn wéi xiǎo xiàng yān kǒng zǐ yuē chì

同①，端章甫②，愿为小相焉③。"孔子曰："赤

yě wéi zhī xiǎo shú néng wéi zhī dà zǐ gòng yuē qí zhuāng ér

也为之小，孰能为之大？"子贡曰："齐庄而

néng sù zhì dào ér hào lǐ bìn xiàng liǎng jūn zhī shì yān dǔ yǎ

能肃，志道而好礼，摈相两君之事焉，笃雅

yǒu jié gōng xī chì zhī xíng yě kǒng zǐ yuē èr sān zǐ zhī

有节。公西赤之行也。"孔子曰："二三子之

yù xué bīn kè zhī lǐ zhě qí yú chì yě hū

欲学宾客之礼者，其于赤也乎。"

【注释】①**会同**：古代诸侯朝见天子的通称。②**章甫**：古代一种礼帽。③**小相**：傧相的谦称。相，诸侯祭祀、盟会时的司仪官。

【译文】周朝时，鲁国的公西赤，字子华，有一次侍立在孔子身边，谈论各自的志向。公西赤说："我不是说我有多么大的能耐，但我愿意学习。宗庙里的事务，像诸位大夫聚会的时候，我戴着章甫的礼帽，为他们做一个小小的傧相。"孔子听了以后说："公西赤要做小官，那还有谁能做大官呢？"子贡说："整齐端庄而肃穆，立志向道而又懂礼法，在诸侯会面的时候做礼赞，笃实文雅，有礼有节，这就是公西赤的能力。"孔子说："你们想要学习接待宾客的礼节，就要把公西赤当做榜样。"

wǔ shí sān　gāo chái duān lǚ

五十三　高柴端履

【原评】考子羔为鲁成宰，成人有其兄死而不为衰者。闻子羔将至，遂为衰。成人曰："蚕则绩而蟹有筐，范则冠而蝉有緌，兄则死而子羔为之衰。"其礼教之化人如此。盖君子之德，以身先民，而民不遗其亲焉。

zhōu wèi gāo chái zì zǐ gāo duān lǚ cāo shēng píng zú bù
【原文】周卫高柴，字子羔。端履操，生平足不
lǚ yǐng qǐ zhé bù shā fāng zhǎng bù zhé zhí qīn zhī sāng qì
履影，启蛰不杀①，方长不折。执亲之丧，泣
xuè sān nián wèi cháng jiàn chǐ shì wèi wéi shì shī zhì yù rén
血三年②，未尝见齿③。仕卫为士师④，治狱仁
shù kuǎi kuì zhī nàn zǐ gāo chū zǒu yuè zhě shǒu mén wèi zhī
恕。蒯聩之难，子羔出走。刖者守门⑤，谓之
yuē yú bǐ yǒu quē zǐ gāo yuē jūn zǐ bù yú yòu
曰：“于彼有缺。”子羔曰：“君子不逾。”又
yuē yú bǐ yǒu suì zǐ gāo yuē jūn zǐ bú dòu yòu
曰：“于彼有隧⑥。”子羔曰：“君子不窦⑦。”又
yuē yú cǐ yǒu shì zǐ gāo nǎi rù bì yān
曰：“于此有室。”子羔乃入避焉。

【注释】①**启蛰**：节气名。动物经冬日蛰伏，至春又复出活动，故称“启蛰”，今称“惊蛰”。②**泣血**：指因极度悲痛而无声哭泣时流出的眼泪。③**见齿**：指笑。笑则露齿，故云。④**士师**：亦作“士史”。古代执掌禁令刑狱的官名。⑤**刖**：古代的一种酷刑，把脚砍掉。⑥**隧**：地道。⑦**窦**：孔、洞。

【译文】周朝时，卫国人高柴，字子羔。他的品行操守都非常端正，平时走路的时候不踩别人的影子，他不去杀害正在复苏的动物，他不去攀折正在生长的草木。为父母守丧的时候，痛哭了三年，从来没有笑过。在卫国做狱官，治理狱讼，宽恕仁慈。蒯聩之难发生后，国内大乱，高柴就要离开卫国。一个被割去双脚的人守着城门，对他说：“那边有一个缺口，你可以从那儿逃出去。”高柴说：“君子不跳墙头。”守门人又说：“那边有一条地道，你可以从那儿逃跑。”高柴说：“君子是不肯钻地洞的。”守门人说：“这里有一间房子。”于是高柴走进了那间房间里躲着。

五十四　衅夏执礼

wǔ shí sì　xìn xià zhí lǐ

【原评】昭公娶于吴，为同姓，谓之吴孟子，已不知礼矣。哀公不听衅夏之言，以嬖妾为夫人，则更不知礼。礼属于火，此司铎火之所以逾公宫乎？幸子服景伯命宰人出礼书，不然，《周官》一书，将荡然无存矣。

zhōu lǔ xìn xià guān zōng rén āi gōng bì gōng zǐ jīng zhī
【原文】周鲁衅夏，官宗人①。哀公嬖公子荆之
mǔ jiāng yǐ wéi fū rén shǐ xìn xià xiàn qí lǐ duì yuē wú
母②，将以为夫人，使衅夏献其礼。对曰："无
zhī gōng nù yuē rǔ wéi zōng sī lì fū rén guó zhī dà
之。"公怒曰："汝为宗司③，立夫人，国之大
lǐ yān hé wèi wú duì yuē zhōu gōng jí wǔ gōng qǔ yú xuē
礼焉。何谓无？"对曰："周公及武公娶于薛，
xiào huì qǔ yú shāng zì huán yǐ xià qǔ yú qí cǐ lǐ yǒu zhī
孝惠娶于商，自桓以下娶于齐，此礼有之。
yǐ qiè wéi fū rén zé gù wú qí lǐ yě gōng zú lì zhī ér
以妾为夫人，则固无其礼也。"公卒立之，而
yǐ jīng wéi shì zǐ guó rén shǐ wù zhī
以荆为世子④，国人始恶之。

【注释】①**宗人**：古代官名。掌宗庙、谱牒、祭祀等。②**嬖**：宠幸，嬖爱。③**宗司**：执掌王室祭祀与礼仪者。④**世子**：一般指古代天子、诸侯的嫡长子。也指诸子中继承帝位或王位之人。此指后者。《三国演义》："操与众商议，欲立植为世子。"

【译文】周朝时候，鲁国人衅夏，做宗人官。鲁哀公很宠爱公子荆的母亲，想立她做夫人，就叫衅夏准备册立夫人的礼节。衅夏说："没有这样的东西。"鲁哀公生气地说："你是执掌王室祭祀与礼仪的宗司，册立夫人是国家的一种大礼，你怎么能说没有呢？"衅夏说："周公和武公都是正式去薛国迎娶，孝公惠公迎娶自商国，自从桓公以来都是迎娶自齐国，这种正当的礼节是有的。如今你立妾室为夫人，则向来没有这种礼节。"鲁哀公不肯听，最终还是把公子荆的母亲立为夫人，而立公子荆为世子，从此以后鲁国的百姓开始厌恶鲁哀公。

wǔ shí wǔ　　hán shùn xiè pìn

五十五　韩顺谢聘

【原评】修道以四勿为箴，重道以尊师为本，此礼之当然耳。隗嚣自称上将军，西州且大震矣。而韩顺山居修道，执操不回，因其使以拒其聘。夫固非自尊自大也，亦以礼绳之耳。隗嚣安能屈之哉？

【原文】
hàn hán shùn zì zǐ liáng jì rén yǐ sù xíng qīng bái
汉韩顺，字子良，冀人①。以素行清白，
bì zhōu zǎi bú yì wáng mǎng mò yǐn yú nán shān xiū dào tóng
辟州宰②，不诣。王莽末，隐于南山修道③。同
xiàn wěi xiāo děng qǐ bīng yǐ shùn dào shù shēn yuǎn qiǎn rén bēi cí hòu
县隗嚣等起兵，以顺道术深远，遣人卑辞厚
lǐ pìn shùn yù yǐ wéi shī shùn yīn shǐ xiè yuē lǐ yǒu lái
礼聘顺，欲以为师。顺因使谢曰："礼有来
xué yì wú wǎng jiào jí yù xiāng shī dàn rù shēn shān lái xiāo
学，义无往教。即欲相师，但入深山来。"嚣
wén zhī jué rán bù néng qiǎng qū qí hòu xiāo děng jiē miè wéi shùn
闻之矍然④，不能强屈。其后嚣等皆灭，惟顺
shān qī ān rán yǐ pín jié zì zhōng
山栖安然，以贫洁自终。

【注释】①**冀**：在今甘肃甘谷县。②**辟**：征召。**州宰**：指州刺史。③**南山**：即终南山。④**矍**：惊慌地看着，惊视的样子。

【译文】汉朝人韩顺，字子良，是冀人。因为他一向为人清白，于是朝廷征召他为州刺史，韩顺不肯去。在王莽末年的时候，隐居在南山修道。和他同县的隗嚣等人起兵，听说韩顺道行很高深，就派人送去了厚重的礼物，说着很客气的话，去聘请他做老师。韩顺对使者辞谢说："按照礼法来讲，只有学生到老师这来学习的，没有老师去学生那教授的。既然想拜我为师，那就请到深山里来。"隗嚣等人听了以后都很惊异，也没有方法强行让他屈服。后来隗嚣等人都灭亡了，只有韩顺安然地栖居深山，贫苦却清白地走完了一生。

wǔ shí liù　zhāng zhàn xiū zhěng
五十六　张湛修整

【原评】人惟持躬以礼，则凡不合礼之事，每不敢为其所知，甚且为君者亦畏其见知也。唐太宗死鹞于怀，畏魏徵知之也；玄宗引鉴不乐，畏韩休知之也。而光武每见湛，辄言白马生将复谏，非以其好礼乎？

hàn zhāng zhàn jīn yán hào lǐ dòng zhǐ yǒu zé suī jū yōu
【原文】汉张湛矜严好礼，动止有则。虽居幽
shì bì zì xiū zhěng yù qī zi yǐ lǐ fǎ zài xiāng dǎng xiáng
室①，必自修整，遇妻子以礼法。在乡党②，详
yán zhèng sè sān fǔ yǐ wéi yí biǎo rén huò wèi zhàn wéi zhà zhàn
言正色，三辅以为仪表③。人或谓湛为诈，湛
wén ér xiào yuē wǒ chéng zhà yě rén jiē zhà è wǒ dú zhà
闻而笑曰："我诚诈也。人皆诈恶，我独诈
shàn bú yì kě hū wǔ lín cháo huò yǒu duò róng zhàn zhé jiàn
善，不亦可乎？"武临朝，或有惰容，湛辄谏。
cháng chéng bái mǎ dì jiàn zhàn zhé yán bái mǎ shēng qiě fù jiàn yǐ
尝乘白马，帝见湛，辄言白马生且复谏矣。
hòu wéi tài zǐ tài fù
后为太子太傅④。

【注释】①**幽**：暗。②**乡党**：古代五百家为党，一万二千五百家为乡，合而称乡党。③**三辅**：汉武帝时改都尉为右扶风，治渭城以西；改右内史为京兆尹，治长安以东；改左内史为左冯翊，治长陵以北。**仪表**：为人表率的法则。④**太子太傅**：子太傅，官名。商、周两代已有太子太傅及少傅，作为太子的师傅。

【译文】汉朝人张湛严谨有礼，一举一动都依照法则。虽然待在幽暗的房间里，也一定穿戴整齐，对妻子以礼相待。在乡党的时候，言语端正面色严肃，三辅地方的人都把他当作楷模。有的人说张湛这种行为都是假装的，张湛听说后笑着说："我确实是假装。不过人们假装为了作恶，惟独我装做善，这不也可以吗？"光武帝在朝堂上的时候，间或表现出怠惰的神态，张湛就会劝谏。张湛曾经骑着白马，所以皇帝每次见到张湛就说白马生又要来劝谏了。后来做了太子太傅。

wǔ shí qī　cáo bāo rú zōng
五十七　曹褒儒宗

【原评】叔孙通起朝仪，诸侯王以下，莫不震肃。章帝以其制散略不合经，命褒条正之，乃巢堪班固，相继见阻。幸章帝深知儒生拘挛，难与图始，朝廷礼宪，宜以时立，毅然任之。冠婚吉凶制度，遂得以悉定尔。

【原文】汉曹褒，字叔通。父充，传庆氏《礼》，为博士[①]。褒传父业，博文识古，为儒者宗。章帝朝，为博士。帝召其定礼制，班固以为宜广集诸儒，共议得失。帝曰："谚言作舍道旁[②]，三年不成。会礼之家，名为聚讼[③]。昔尧作《大章》[④]，一夔足矣[⑤]。"乃授褒叔孙通《礼仪》十二篇，命依礼条正以施行。

【注释】①**博士**：古代学官名。源于战国。②**谚**：谚语，俗语。③**聚讼**：众说纷纭，久无定论。④**大章**：古乐名。相传为尧乐。⑤**夔**：相传为尧、舜时乐官。

【译文】汉朝人曹褒，字叔通。他的父亲曹充，传习了庆氏的礼学，做了博士。曹褒继承了父亲的学业，博学，通晓古代的事情，是一班读书人的宗师。他在章帝的时候，做博士。皇帝命他制定礼仪法度，班固认为应该集合有学问的人，一起讨论商定。皇帝说："俗语说在大路旁边盖房子，三年也盖不成。如果会合了礼仪的学问家们，大家众说纷纭，久无定论。从前尧创作大章，只用夔一人就够了。"于是就把叔孙通的《礼仪》十二篇交给曹褒，命他一条条地修正后实施。

wǔ shí bā xú zhì gōng jì
五十八　徐稚恭祭

【原评】语云:“礼义生于富足。”徐稚则贫而自食其力者也。尝事黄琼,琼没,稚无资前往会葬,赍磨镜具自随,所在取值,然后得前。何其深于礼义耶!陈蕃特设榻待之,林宗言无德当之,盖皆中心悦而诚服矣。

hàn xú zhì gōng jiǎn yì ràng suǒ jū rén fú qí dé tài shǒu
【原文】汉徐稺恭俭义让，所居人服其德。太守
chén fān tè shè tà yǐ lǐ zhī qù zé xuán qí tà yān guō lín
陈蕃特设榻以礼之①，去则悬其榻焉。郭林
zōng mǔ sàng zhì zhì shēng chú yī shù yú qí lú qián ér qù lín
宗母丧，稺致生刍一束于其庐前而去②。林
zōng yuē bì xú rú zǐ yě shī yún chú yī shù qí
宗曰："必徐孺子也③。《诗》云：'刍一束，其
rén rú yù wú wú dé yǐ dāng zhī zhì qián hòu wéi zhū gōng suǒ
人如玉。'吾无德以当之。"稺前后为诸公所
bì suī bú jiù jí qí sǐ bì yǐ zhī jī xù jiǔ wǎng diàn
辟，虽不就，及其死，必以只鸡絮酒往奠④，
diàn bì jí huán bú jiàn sāng zhǔ
奠毕即还，不见丧主。

【注释】①**榻**：狭长的床。②**生刍**：干草。③**孺子**：幼儿，儿童。④**絮酒**：谓祭奠用酒。

【译文】汉朝人徐稺恭敬勤俭，仁义谦让，他身边的人都很佩服他的德行。太守陈蕃特地为他备了一条卧榻，并用上宾礼去招待他，徐稺回去后陈蕃就把这条卧榻悬挂起来。郭林宗的母亲去世，徐稺在她的坟墓前献上一束干草然后离去，郭林宗说："一定是徐孺子做的。《诗经》说：'刍一束，其人如玉。'我的德行实在担当不起啊。"前前后后有许多人请徐稺去做官，徐稺都没有去，但他们死后，徐稺一定会用只鸡絮酒去祭奠他们，祭奠完就立刻离开，不会见丧家的主人。

wǔ shí jiǔ　　cháng lín duì kè
五十九　常林对客

【原评】陈寔之子元方，年七岁，而谓其父友之无信。常伯先之子林，亦七岁，则谓其父党之无礼。夫以七岁之幼童，而能知礼之所在，盖亦鲜矣。至薄司马懿而不止其拜，尤足称焉。

wèi cháng lín zì bó huái hé nèi rén bó xiān zhī zǐ
【原文】魏常林，字伯槐，河内人[①]，伯先之子
yě nián qī suì yǒu fù dǎng zào mén wèn lín yuē bó xiān zài
也。年七岁，有父党造门[②]，问林曰："伯先在
fǒu lín bù dá kè yuē hé bú bài lín yuē suī dāng
否？"林不答。客曰："何不拜？"林曰："虽当
xià bài lín zǐ zì fù hé bài zhī yǒu lěi guān wéi cì shǐ
下拜，临子字父，何拜之有？"累官为刺史[③]，
sī mǎ yì yǐ xiān bèi shì lín měi jiàn bì bài huò yuē sī
司马懿以先辈视林[④]，每见必拜。或曰："司
mǎ gōng guì zhòng jūn yí zhǐ zhī lín yuē guì zé fēi wǒ suǒ
马公贵重，君宜止之。"林曰："贵则非我所
zhī bài yì fēi wǒ suǒ qiǎng yě yán zhě cán ér tuì
知，拜亦非我所强也。"言者惭而退。

【注释】①**河内**：在今河南武陟县。②**父党**：宗族，或指父亲的朋友。**造**：到。③**刺史**：官名。西汉武帝时，于全国十三部(州)置刺史，为监督官，后数次改刺史为州牧。④**先辈**：对前辈的尊称。

【译文】三国时候，魏国人常林，字伯槐，河内人，是常伯先的儿子。常林七岁的时候，有父亲的朋友登门造访，问常林："常伯先在吗？"常林不回答。客人就说："你看见了你父亲的朋友为什么不拜？"常林说："我虽然应当给您下拜，但你当着儿子的面直呼他父亲的名字，这么无礼我还要拜你做什么呢？"后来常林官做到刺史，司马懿把常林看做前辈，每次见到他都要向他下拜。有的人说："司马懿地位贵重，你应当制止他。"常林说："他地位尊贵与否我不管，他向我下拜也不是我勉强他的。"于是那个说话的人就惭愧地走了。

liù shí　xìng líng zhì gōng
六十　幸灵至恭

【原评】礼在整饬，不可紊乱。故重礼之人，必先整饬己躬，推而整饬他人，整饬万物。盖发端于恭敬辞让也。幸灵见人先拜，其恭敬何如耶？言必称名，其辞让奚如耶？而其整饬且及于物类，不愧为圣道中人。

jìn xìng líng xìng zhì gōng jiàn rén jí xiān bài zhé yán jǐ
【原文】晋幸灵性至恭，见人即先拜①，辄言己
míng xiǎo rén huò qīn rǔ zhī wú yùn sè fán cǎo mù zhī yāo shāng
名。小人或侵辱之，无愠色②。凡草木之夭伤
yú shān lín zhě bì qǐ lǐ zhī qì wù zhī qīng fù yú tú lù
于山林者③，必起理之；器物之倾覆于途路
zhě bì jǔ zhèng zhī fù mǔ cháng shǐ shǒu dào qún niú shí zhī líng
者，必举正之。父母尝使守稻，群牛食之，灵
jiàn ér bù qū dài niú qù nǎi wǎng lǐ qí cán luàn zhě fù
见而不驱④。待牛去，乃往理其残乱者⑤。父
mǔ jiàn ér wèn zhī líng yuē cǐ dào yù dé zhōng qí xìng niú fàn
母见而问之，灵曰："此稻欲得终其性，牛犯
zhī líng kě bù shōu zhī hū
之，灵可不收之乎？"

【注释】①**拜**：表示敬意的礼节：拜手(古代男子跪拜礼的一种)。②**愠色**：怨怒的神色。③**夭伤**：夭折损伤。④**驱**：赶走。⑤**理**：整理，治理。

【译文】晋朝人幸灵，生性非常恭谨，见到别人他一定要先拜手，嘴里说着自己的名字。有时候有些小人侮辱他，他也丝毫不生气。凡是山上树林里的草木有夭折损伤的，他一定会去料理它们。有器皿物件在道路上翻倒的，他一定会把它们扶正。有一次他的父母叫他在田里看管稻谷，牛群来吃稻子，幸灵看见了也不赶牛。等牛走了之后，才去整理残乱的稻谷。父母看到了就问他为什么这样做，幸灵说道："这些稻谷想成全它们的天性，可是牛去侵犯它，我怎么可以不清理呢？"

liù shí yī　cài yuē niè jī
六十一　蔡约蹑屐

【原评】蹑屐不改，非故异于众也，盖秉于祖若父之方严耳。王耽之尝言蔡豫章在相府，武帝私宴之日，未尝相召。宋主狎侮群臣，致有王老伧刘老悭颜老齴等名称，独惮兴宗，不敢侵媟。故称礼度之门也。

【原文】
nán qí cài yuē zì jǐng wéi jǐ yáng kǎo chéng rén xīng zōng
南齐蔡约，字景为，济阳考城人，兴宗
zhī zǐ yě yí dàn bù yǔ shì zá shào shàng sòng xiào wǔ dì ān jí
之子也，夷淡不与世杂。少尚宋孝武帝安吉
gōng zhǔ shì qí lěi qiān sī tú zuǒ zhǎng shǐ míng dì wéi lù shàng
公主。仕齐，累迁司徒左长史。明帝为录尚
shū bǔ zhèng bǎi guān tuō jī liè xí yuē niè jī bù gǎi dì
书补政，百官脱屐列席①，约蹑屐不改②。帝
wèi jiāng yòu yuē cài shì shì lǐ dù zhī mén gù zì kě yuè
谓江佑曰："蔡氏是礼度之门，故自可悦。"
yòu yuē dà jiāng jūn yǒu yī kè fù xiàn yú jīn jí zú zèng
佑曰："大将军有揖客，复见于今。"及卒，赠
tài cháng sì qīng
太常寺卿③。

【注释】①**屐**：木头鞋，泛指鞋。②**蹑**：踩，踏。③**太常寺卿**：中国古代的一个官职名称，属于宗族祭祀的长官。

【译文】南齐的蔡约，字景为，济阳考城人，是蔡兴宗的儿子。生性恬淡，不喜欢和世上的人相混杂。年少的时候就娶了宋孝武帝的女儿安吉公主为妻，后来在齐做司徒左长史。此时，明帝新任录尚书补政之官，朝臣们都来祝贺他，坐席的时候，大臣们都脱了鞋子，惟独蔡约仍踩着鞋子。皇上就对江佑说："蔡家是讲究礼仪的人家，因此他们家出来的人品行都让人心里佩服。"江佑说："汉朝大将军卫青有个长揖不拜的宾客，如今又能够见到了。"蔡约死后，封太常寺卿。

liù shí èr　liǔ jìng xià wéi
六十二　柳靖下帷

【原评】许武弟不率教，跪庙自罪；缪肜妇求离异，掩户自挝；仇览妻孥有过，免冠自咎。皆汉代事也。乃柳靖子弟有过，则下帷自责，不特子弟谢之，甚且乡里化之。人各以礼法齐其家，又何难国治天下平乎？

liáng liǔ jìng wéi hé nán guǎng dé èr jùn tài shǒu jiē zhù zhèng
【原文】梁柳靖为河南广德二郡太守①，皆著政
jì zhì mǎn huán xiāng bì mén zì shǒu suǒ duì wéi qín shū ér
绩。秩满还乡②，闭门自守，所对惟琴书而
yǐ zú bú lì yuán tíng dài jiāng shí zǎi zǐ dì fèng zhī ruò yán
已。足不历园亭，殆将十载。子弟奉之若严
jūn qí yǒu guò zhě jìng bì xià wéi zì zé yú shì zhǎng yòu
君③，其有过者，靖必下帷自责④，于是长幼
xiāng shuài bài xiè yú tíng rán hòu jiàn zhī zhì jiā zuì yǒu lǐ fǎ
相率拜谢于庭，然后见之。治家最有礼法，
xiāng lǐ yì mù ér huà zhī huò yǒu bú shàn zhě jiē yuē wéi kǒng
乡里亦慕而化之。或有不善者，皆曰："惟恐
liǔ guǎng dé zhī zhī yě
柳广德知之也。"

【注释】①**河南**：在今河南新野县，又说在洛阳市。**广德**：今安徽县名。②**秩**：古代官吏的俸禄。③**严君**：古代常称指父母亲。后专指父亲。④**帷**：帷幔，俗称门帘。

【译文】梁朝的柳靖做过河南和广德两个地方的太守，都很有政绩。任期满了告老还乡，关起门来独自修养，面对的不过是琴和书罢了。他足不出户，已经有十年不到园亭里了。子弟们敬奉他就像对严父一样，子弟们有了过失，柳靖一定要放下门帘责备自己，于是老老小小都在庭院中下拜谢罪，然后柳靖才肯见他们。他治家很有礼法，乡村的人也很羡慕且慢慢受到了他的感化。有时候有人做了不好的事情，大家都说："千万别让柳靖知道了。"

liù shí sān qìng míng yǎn rán

六十三 庆明俨然

【原评】鄱国公状貌魁伟，而神采严肃。性不妄交，非其同志，虽贵游造其门，亦不与见。其督荆时，务广农桑，兼习武事，故得边境无虞，民安其业。吏部表请为构清德楼，文帝又赐改名为俭。其廉德可概见已。

běi wèi zhǎng sūn qìng míng cì míng jiǎn shào fāng zhèng yǒu cāo
【原文】北魏长孙庆明，赐名俭。少方正，有操
xíng shén cǎi yán sù suī zài sī shì zhōng rì yǎn rán wén dì
行。神采严肃，虽在私室，终日俨然①，文帝
shēn jìng zhī shí jīng xiāng chū fù zhào jiǎn dū dū sān jīng děng shí
深敬之。时荆襄初附②，诏俭都督三荆等十
èr zhōu jūn jīng mán jiù sú shào bú shì zhǎng jiǎn yīn qín quàn
二州军③。荆蛮旧俗，少不事长。俭殷勤劝
dǎo fēng sú dà gé hòu wéi shàng shū cháng yǔ qún gōng shì zuò wén
导，风俗大革。后为尚书，尝与群公侍坐，文
dì wèi zuǒ yòu yuē cǐ gōng xián yǎ gū měi yǔ yǔ sù rán wèi
帝谓左右曰："此公娴雅。孤每与语，肃然畏
jìng kǒng yǒu suǒ shī yě
敬，恐有所失也。"

【注释】①**俨然**：端庄的样子。②**荆襄**：指湖北襄阳一带。③**都督**：古时的军事长官。**三荆**：后魏置荆州于穰县(今河南邓州市)，置南荆州于安昌(今河南确山县)，置东荆州于沘阳(今河南泌阳县)，谓之三荆。

【译文】北魏的长孙庆明，皇上赐名俭。少年的时候就为人端正，有操守。他神情严肃，即使在自己的房间里也整天都很端庄，文帝非常敬重他。当时荆襄刚来依附，皇帝就命长孙庆明做都督，率领三荆十二州的军队。荆蛮地方旧有的习俗是小辈不侍奉长辈。长孙庆明就反复地劝导他们，最终改变了这种不好的风俗。后来做了尚书，有一次和一班大臣侍坐在皇帝周围，皇帝对身边的人说："这位先生文静大方。我每次同他说话的时候都对他肃然起敬，唯恐有什么过失。"

liù shí sì　wáng guī xún lǐ
六十四　王珪循礼

【原评】先君曰:“王公,正直人也。能以礼自持,屈抑人主。为魏王师,以道自尊。公主下嫁,向不以妇礼事舅姑,珪独与妻就席坐,使行妇礼。非君臣遇合之深,焉能革此弊俗?”

táng wáng guī xìng kuān yù jìn xīn suǒ shì gù tài zōng zhòng yòng
【原文】唐王珪性宽裕，尽心所事，故太宗重用
zhī shàng mìng pǐn zǎo zhū chén zì yǐ wéi jī zhuó yáng qīng jí è
之。上命品藻诸臣①，自以为激浊扬清，嫉恶
hào shàn yú yì fú qí què lùn shàng mìng guī wéi wèi wáng tài shī
好善，余亦服其确论。上命珪为魏王泰师②，
tài jiàn guī xiān bài guī yǐ shī dào zì jū shàng yǐ nán píng gōng zhǔ
泰见珪先拜，珪以师道自居。上以南平公主
jià guī zhī zǐ jìng zhí guī yuē zhǔ shàng xún lǐ fǎ dāng lìng
嫁珪之子敬直③，珪曰："主上循礼法，当令
gōng zhǔ yè jiàn yǐ chéng guó jiā zhī měi nǎi zuò lìng gōng zhǔ zhí
公主谒见，以成国家之美。"乃坐，令公主执
jī xíng guàn kuì lǐ
笄行盥馈礼④。

【注释】①**品藻**：评论人物，定其高下。②**魏**：在今河北大名县，或在河南安阳县。③**南平**：在今湖南蓝山县。④**笄**：古代的一种簪子。**盥馈**：谓侍奉尊者盥洗及进膳食。

【译文】唐朝的王珪性格宽和，做事尽心尽力，因此唐太宗非常器重他。有一次皇上命他品评诸位大臣，他评价自己是"激浊扬清，嫉恶好善"，他批评别人的话别人也心服口服。皇上命王珪做魏王泰的老师，李泰见了王珪先拜，王珪就用老师对学生的礼节答了他。皇上把南平公主许配给王珪的儿子王敬直，王珪说："皇上是很重视礼法的，你应当让公主来拜见公公，以成就国家的一段佳话。"于是自己就坐下了，叫南平公主以一个媳妇见公公的礼节行了一个洗手进食礼。

liù shí wǔ dòu yí zhòng hòu

六十五 窦仪重厚

【原评】先君谓窦公,诚实君子也。守正不污,故深为太祖器重。太祖平蜀后,宫人有镜。背识乾德四年,上因与己年号同,召仪问之,对曰:“此必蜀物,蜀主王衍有此号。”上曰:“宰相须用读书人。”由是益礼儒者。

sòng dòu yí zì kě xiàng xiān shì xué shì wáng zhù yǐ jiǔ shī
【原文】宋窦仪，字可象。先是学士王著以酒失
biǎn guān tài zǔ wèi zǎi xiàng yuē shēn yán zhī dì dāng shǐ sù
贬官①，太祖谓宰相曰：“深严之地，当使宿
rú chǔ zhī fàn zhì duì yuē dòu yí qīng jiè zhòng hòu tài
儒处之②。”范质对曰：“窦仪清介重厚。”太
zǔ yuē fēi sī rén bù kě cháng zhào yí cǎo zhì zhì yuàn
祖曰：“非斯人不可。”尝召仪草制③，至苑
mén jiàn shàng àn zé xiǎn zú ér zuò què lì bù kěn jìn shàng jù
门，见上岸帻跣足而坐④，却立不肯进。上遽
suǒ guān dài ér hòu zhào rù yí yuē bì xià chuàng yè chuí tǒng
索冠带，而后召入。仪曰：“陛下创业垂统，
yí yǐ lǐ shì tiān xià shàng liǎn róng xiè zhī
宜以礼示天下。”上敛容谢之⑤。

【注释】①**酒失**：酒后过失。②**宿儒**：博学的年长之士。③**草制**：草拟制书。④**帻**：古代的头巾。**跣足**：赤脚；光着脚。⑤**敛容**：收起笑容；脸色变得严肃。

【译文】宋窦仪，字可象。先前有一个学士王著因为酒后过失被贬官，太祖就对宰相说：“宫殿是严肃的地方，应当选择一个品行老成学问深厚的人来。”范质回答说：“窦仪为人清介重厚，可以当此重任。”太祖说：“的确非这个人不可。”有一天皇帝命窦仪起草制书，窦仪到了宫门口，看见皇上还穿着便服，光着脚坐着，他就在宫门口站着，不肯进去。皇上立刻叫人拿了冠带，穿戴整齐后，窦仪才走进去。窦仪对皇上说：“皇上您是开国皇帝，创下基业传给子孙，应当用礼法昭示天下。”太祖听后收敛了面色，感谢他的好意。

六十六　若冲谨饬

liù shí liù　ruò chōng jǐn chì

【原评】考若冲少失怙恃，育于伯父章。未总角，已奇之。无他，以其平居谨饬也。稍长力学，耻为举子，故同里汪大猷陈居仁楼钥辈。后皆贵显，未尝一造其门。而其饬躬维谨，尤足为天下后世法。

sòng zhèng ruò chōng yǔ wāng chén lóu sān rén tóng yàn xiāng yǒu
【原文】宋郑若冲与汪、陈、楼三人同砚①，相友
shàn wāng děng guì xiǎn ruò chōng bú zào qí mén zì zhì shū shú
善。汪等贵显，若冲不造其门。自置书塾②，
jù shū shù qiān yán shī xùn zǐ suī wò bìng bú fèi shū píng jū
聚书数千，延师训子。虽卧病不废书。平居
jǐn chì suī shèng shǔ yī bú lù tǐ guān lǚ suī bì wú gòu
谨饬③，虽盛暑，衣不露体。冠履虽敝无垢。
kǒu jué xì yán zuò bù qīng cè jiē hòu jìn rú dí jǐ yǔ rén
口绝戏言，坐不倾侧。接后进如敌己④，与人
jiāo kǒng shāng qí yì zhì yú míng shì fēi biàn yì lǐ suī piàn cí
交恐伤其意。至于明是非、辨义理，虽片辞
bù shǎo dài xué zhě yán dàn yān
不少贷⑤。学者严惮焉。

【注释】①**汪**：名大猷。陈，名居仁。楼，名钥。**同砚**：后称同学为同砚。②**书塾**：家塾；私塾。③**谨饬**：谨慎。④**敌己**：和自己匹敌。⑤**贷**：假借。

【译文】宋朝时候，郑若冲小时候和汪大猷、陈居仁、楼钥三个人是同学，并且朋友间的感情很好。后来汪、陈、楼三个人做了官，地位显贵，郑若冲却从不到他们家里拜访。自己在家办了一个家塾，置办了数千卷书，聘请老师教儿子读书。即使生病在床也不忘记读书。他平日里十分谨慎，即使在炎热的夏天，也从不坦露身体。鞋帽虽然破旧，但没有污垢。不说轻浮的话，不斜着身体坐。接待后辈像对待平辈一样恭敬，和人交往唯恐伤害了他的心意。至于辨别是非义理，即使是只言片语也不肯含糊，读书人都非常敬惧他。

liù shí qī wáng bǎi jìng zhāi

六十七 王柏敬斋

【原评】士有万物皆备之身，而不以古今自任、经纶自期者，皆自遏其躬也。柏每以此语士大夫，由其爱人以德耳。所讲谢上蔡居敬贵穷理之旨，条畅莹白，听者悚然，意融心服。虽乡之耆德，亦执弟子礼焉。

sòng wáng bǎi hào cháng xiào hòu zhù lún yǔ tōng zhǐ zhì

【原文】宋王柏，号长啸，后著《论语通旨》。至

jū chǔ gōng zhí shì jìng tì rán yuē cháng xiào fēi shèng mén

“居处恭，执事敬”，惕然曰①：“长啸非圣门

chí jìng zhī dào gēng hào lǔ zhāi zì zhù jìng zhāi zhēn tú

持敬之道。”更号鲁斋，自著《敬斋箴图》②，

chū yī jìng zì wéi rì yòng gōng xíng zhī zé sù xīng jiàn miào zhì

出一敬字，为日用躬行之则。夙兴见庙③，治

jiā yán chì dāng shǔ bì gé jìng zuò zǐ dì bái shì fēi yī

家严饬。当暑，闭阁静坐。子弟白事④，非衣

guān bú jiàn chuí mò zhěng guān duān zuò huī fù nǚ chū qǐn mén

冠不见。垂殁⑤，整冠端坐，挥妇女出寝门，

wéi zǐ zhí mén rén shì zhōng nián qī shí yòu bā

惟子侄门人侍终。年七十有八。

【注释】①**惕**：戒惧，小心谨慎。②**箴**：古代一种文体，以告诫规劝为主。③**夙兴**：早起。**庙**：家庙。④**白事**：禀告事情。⑤**垂殁**：垂死。

【译文】宋朝人王柏，号长啸，后来写了一部《论语通旨》。解释到“居处恭，执事敬”这两句，他警觉道：“长啸这个名字和圣人恭敬的道理不符。”于是就改号为“鲁斋”，自己做了一篇《敬斋箴图》，选了一个“敬”字，作为自己日常实践的规范。早起就到家庙里拜祭祖先，治理家庭严厉整齐。夏天的时候，就关了门在屋里静坐。子弟有事禀告，衣着不整齐的不见。快要死的时候，整理衣帽，端正地坐着，命妇女退出房门，只有一班侄子和门人留在身边送终。他活了七十八岁。

六十八　大和家规

liù shí bā　dà hé jiā guī

【原评】郑氏十世同居，凡二百四十余年，一钱尺帛无敢私，家庭中凛如公府。子孙从化，虽尝仕宦，不敢一毫有违家法。诸妇不预家政。宗族里闾，怀之以恩。家畜两马，一出，则一为之不食，人以为孝义所感。

yuán zhèng dà hé xìng fāng zhèng jì qí zòng xiōng wén sì zhǔ jiā
【原文】元郑大和性方正。继其从兄文嗣主家
shì yán ér yǒu ēn guān hūn sāng zàng bì jī zhū zǐ jiā lǐ
事，严而有恩。冠昏丧葬，必稽《朱子家礼》
ér xíng zǐ dì yǒu guò bān bái zhě yóu biān zhī měi suì shí
而行。子弟有过，颁白者犹鞭之①。每岁时②，
dà hé zuò táng shàng qún cóng zǐ dì jiē shèng yī guān yàn háng lì zuǒ
大和坐堂上，群从子弟皆盛衣冠，雁行立左
xù yǐ cì jìn bài guì fèng shāng shàng shòu bì sù róng gǒng shǒu
序③，以次进，拜跪奉觞上寿毕④，肃容拱手
zì yòu chū zú wǔ xiāng xián wú gǎn cēn cī jiàn zhě jiē mù
自右出。足武相衔⑤，无敢参差。见者嗟慕，
wèi wéi yǒu sān dài yí fēng
谓为有三代遗风。

【注释】①**颁白**：同“斑白”。头发花白。②**岁时**：每年一定的季节或时间。③**雁行**：形容排列整齐而有次序。**左序**：左厢房。即东厢房。④**奉觞**：两手举杯敬酒。⑤**衔**：连接。

【译文】元朝人郑大和性格刚正。继任他的堂哥郑文嗣主管家务事，严格和恩惠并施。家里举行冠昏丧葬等礼节的时候，都一定要按照《朱子家礼》去施行。子弟们有了过失，哪怕是头发花白的人也要受到家法惩戒。每到了四时八节的时候，郑大和坐在堂上，一班子侄们都穿戴整齐，按照次序排列在东厢房，依次上前跪拜，捧着酒给他祝寿，礼毕后就收敛容色，拱着双手从右边退出去。他们的脚步相衔接，不敢稍微差了一点。看见这一场景的人都非常羡慕，说他们家有三代的遗风。

liù shí jiǔ qián táng zhēng sì
六十九 钱唐争祀

【原评】钱公不特争祀孔也，且尝争祀孟矣。明太祖尝览《孟子》，至草芥寇仇语，谓非人臣所宜言，议罢其配享。唐抗疏入谏曰："臣为孟轲死，死有余荣。"廷臣莫不为唐危。"帝鉴其诚恳，不之罪。孟子配享亦旋复。

míng qián táng wéi rén qiáng zhí cháng zhào jiǎng yú shū táng
【原文】明钱唐为人强直，尝诏讲《虞书》①，唐
bì lì ér jiǎng huò jiū táng bù zhī jūn chén lǐ táng zhèng sè
陛立而讲②，或纠唐不知君臣礼③，唐正色
yuē yǐ gǔ shèng dì zhī dào chén yú jūn bú guì bù wéi jù
曰："以古圣帝之道陈于君，不跪不为倨④。"
hóng wǔ èr nián zhào kǒng miào shì diàn zhǐ xíng yú qū fù tiān
洪武二年⑤，诏孔庙释奠⑥，止行于曲阜⑦，天
xià bú bì tōng sì táng shū yán kǒng zǐ chuí jiào wàn shì tiān xià gòng
下不必通祀。唐疏言孔子垂教万世，天下共
zūn qí jiào gù tiān xià děi tōng sì kǒng zǐ bào běn zhī lǐ bù kě
尊其教，故天下得通祀孔子，报本之礼不可
fèi jiǔ zhī nǎi yòng qí yán
废。久之，乃用其言。

【注释】①**虞书**：《尚书》的一个组成部分。相传记载着唐尧、虞舜、夏禹等的事迹；虞唐，指上古人民康乐、政治清明的理想时代。②**陛**：宫殿的台阶。③**纠**：弹劾，纠正。④**倨**：傲慢。⑤**洪武**：太祖年号。⑥**释奠**：古代在学校设置酒食以奠祭先圣先师的一种典礼。⑦**曲阜**：今山东省曲阜市。

【译文】明朝的钱唐为人刚强正直，有一次皇帝命他讲解《虞书》，钱唐就站在宫殿的台阶上讲解，有人纠正钱唐，说他不懂君臣的礼节，钱唐严肃地说："对皇上讲解古代圣贤明君的治理之道，就算不跪下讲，也不能算倨傲无礼。"洪武二年的时候，皇帝下诏，孔庙的祭祀只用在孔子的故乡曲阜举行，其他的地方可以不祭祀。钱唐上书说孔子的教化流传万世，天下百姓人人都尊敬他的教化德行，因此全天下都要祭祀孔子。这是根本的礼节，无论如何都不能废止。过了一段时间，皇上采纳了他的建议。

qī shí xuē xuān fù xìng

七十 薛瑄复性

【原评】许止净谓薛夫子将行刑，而王振之苍头乃悲泣，岂非盛德感人，有不可思议者乎？三子求代死不允，而见苍头一泣得解。可知虽残忍小人，恻隐之心仍在。所惜者，不能扩充，反加梏亡耳。

míng xuē xuān xiū jǐ jiào rén yǐ fù xìng wéi zhǔ yán dòng
【原文】明薛瑄修己教人，以复性为主①，言动
xián kě fǎ jiē hū wéi xuē fū zǐ shí gōng qīng jiàn wáng zhèn duō
咸可法，皆呼为“薛夫子”。时公卿见王振多
qū bài xuān dú yì lì zhèn qū bài zhī xuān yì wú jiā lǐ
趋拜，瑄独屹立②。振趋拜之，瑄亦无加礼。
nǎi wū xuān shòu huì xià yù lùn sǐ zǐ sān rén yuàn yī zǐ dài
乃诬瑄受贿，下狱论死。子三人，愿一子代
sǐ èr zǐ chōng jūn bù yǔn jí dāng xíng xíng zhèn cāng tóu qì yú
死，二子充军。不允。及当行刑，振苍头泣于
cuàn xià wèn qí gù qì yì bēi yuē wén jīn rì xuē fū zǐ
爨下③，问其故，泣益悲，曰：“闻今日薛夫子
jiāng xíng yě zhèn gǎn dòng nǎi miǎn
将刑也。”振感动，乃免。

【注释】①**复性**：回复本性。②**屹立**：巍然不动。③**苍头**：奴隶。**爨**：灶。

【译文】明朝人薛瑄，在修身养性和教育他人时，都主张回复人的本性。所以他的一举一动都可以做别人的楷模，人们都称他为“薛夫子”。当时王振很有势力，朝廷的大臣看见了王振都赶着下拜，惟独薛瑄屹立不动。王振上前叫他下拜，薛瑄也不回他的礼。王振恼羞成怒，于是诬陷薛瑄收受贿赂，把他关在牢里定了死罪。薛瑄有三个儿子，他们情愿一个代替父亲死，两个去充军，没有得到允许。等到行刑那天，王振家里的佣人在灶下流着眼泪，王振问他为什么流泪，他哭得更加伤心了，说道：“我听说今天要杀薛夫子了。”王振受到了感动，于是就免了薛瑄的罪。

qī shí yī pān fǔ jiào mín

七十一 潘府教民

【原评】丧礼，礼之大者。子为父，臣为君，皆斩衰三年，乌可短丧乎？孝宗恻怛由衷，麻衣视朝，百日未改。惟群臣佥谋短丧，府独衰绖上疏，以复三代旧制。此匡扶礼教实多。且教民行《朱子家礼》。洵致君泽民矣。

míng pān fǔ wéi cháng lè zhī xiàn jiào mín xíng zhū zǐ jiā
【原文】明潘府为长乐知县①，教民行《朱子家
lǐ gōng xíng jiāo yě láo wèn jí kǔ xiàn zōng bēng xiào zōng jiàn
礼》。躬行郊野，劳问疾苦②。宪宗崩，孝宗践
zuò fǔ èr shí rì lǐ guān qǐng cuī fú yù xī jiǎo mén shì shì
阼甫二十日③，礼官请衰服御西角门视事④，
yì rì shì cuī yì sù fǔ shū qǐng xíng sān nián sāng bù kě fèi
翌日释衰易素。府疏请行三年丧，不可废
lǐ shū rù cuī dié dài zuì zhào lǐ guān xiáng yì shàng shū mǎ wén
礼。疏入，衰绖待罪。诏礼官详议。尚书马文
shēng zhī qí xián chāo bài guǎng dōng tí xué fù shǐ fǔ yǐ mǔ lǎo
升知其贤，超拜广东提学副使⑤。府以母老
qǐ xiū bú dài mìng jí guī
乞休，不待命即归。

【注释】①**长乐**：今广东五华县。②**疾苦**：(人民生活中的)困苦。③**践阼**：亦作“践胙”、“践祚”。即位；登基。④**衰**：丧服。**视事**：办公；接任治事。⑤**提学**：官名。宋崇宁二年在各路置提举学事司，掌管州县学政。明置提学道。

【译文】明朝有个姓潘名府的人，是长乐的知县。他教导百姓按照《朱子家礼》行事，亲自到郊野慰问百姓生活中的困苦。后来宪宗驾崩，孝宗登基才二十天，礼官请皇上穿了粗麻做的丧服在西角门办公事，第二天就脱了粗麻的丧服换上了素服。潘府上奏章请皇上守丧三年，不可以废了礼。这封奏章呈上去后，潘府就穿了丧服等待皇上降罪。皇上就命礼官详细讨论这件事，尚书马文升知道潘府的贤良，就升他为广东的提学副使。潘府因为母亲年迈，就请求回去奉养母亲，不等上面的批示出来就回去了。

qī shí èr　hóng xiān xíng jiǔ
七十二　洪先行酒

【原评】父速客，子行酒，礼也。而洪先已大魁天下，辞官告养以事双亲，每于其父宴客之时，冠带行酒，拂席授几甚恭，以荣其父，并及其父之宾，似为过礼乎？非也。《礼》云："父子不同席。"则洪先冠带行酒，是礼也。

míng luó hóng xiān zì dá fū jiā jìng jìn shì dì yī shòu
【原文】明罗洪先，字达夫，嘉靖进士第一。授
xiū zhuàn jí qǐng gào guī shì qīn xiào fù měi sù kè hóng xiān
修撰①，即请告归。事亲孝，父每速客②，洪先
guān dài xíng jiǔ fú xí shòu jī shèn gōng zāo fù mǔ sàng shān
冠带行酒③，拂席授几④，甚恭。遭父母丧，苫
kuài shū shí bú rù shì zhě sān nián cháng yún rú zhě xué zài
块蔬食⑤，不入室者三年。尝云："儒者学在
jīng shì ér yǐ wú yù wéi běn shān zhōng yǒu shí dòng jiù wéi
经世⑥，而以无欲为本。"山中有石洞，旧为
hǔ xué qì máo jū zhī mìng yuē shí lián xiè kè mò zuò yī
虎穴，葺茅居之⑦，命曰"石莲"。谢客默坐一
tà sān nián bù chū hù zú shì wén zhuāng
榻，三年不出户。卒谥"文庄"。

【注释】①**嘉靖**：世宗年号。**修撰**：官名。唐代史馆有修撰，掌修国史，宋有集英殿、右文殿等修撰。至元时，翰林院始设修撰。明清因袭之。②**速客**：请客。③**行酒**：依次斟酒。④**拂席**：拂拭坐席。表示尊敬。⑤**苫块**："寝苫枕块"的略语。苫，草席；块，土块。古礼，居父母之丧，孝子以草荐为席，土块为枕。**蔬食**：粗食。以草菜为食。⑥**经世**：治理国事。⑦**葺**：原指用茅草覆盖房子，后泛指修理房屋。

【译文】明朝人罗洪先，字达夫，是嘉靖年间的状元。做了修撰官，就辞官回去。他侍奉父母非常孝顺，父亲每次请客，罗洪先都穿戴整齐，依次斟酒，拂拭坐席，摆授桌子，十分恭敬。后来遭遇父母去世，以草荐为席，土块为枕，吃粗食，三年时间不进内门。他常常说："读书人做学问重在治理国事，首先要以没有利欲做根本。"山里有个石头洞穴，从前是老虎的巢穴，罗洪先在石洞里盖了一间茅屋，取名叫"石莲"。谢绝宾客来访，独自在榻上坐着，三年不出家门。死后谥作"文庄"。

qī shí sān　gōng chéng zé dì
七十三　公乘责弟

【原评】刘向谓公乘姒缘事而知弟之遇祸也，可谓智矣。待礼然后动，不苟触情，可谓贞矣。且言妇人之事，唱而后和，盖其深明于内则之礼耳。惟深明于礼者，乃能知人之非礼而相国，适以自取其祸也。

zhōu lǔ gōng chéng zǐ pí zhī sì yǐ zú rén sǐ kū zhī shèn
【原文】周鲁公乘子皮之姒，以族人死，哭之甚
bēi zǐ pí zhǐ sì yuē ān zhī wú jīn jià zǐ yǐ yì
悲。子皮止姒曰①："安之，吾今嫁姊矣。"异
rì zǐ pí gào sì yuē lǔ jūn yù yǐ wǒ wéi xiàng sì
日②，子皮告姒曰："鲁君欲以我为相。"姒
yuē wù wéi yě zǐ pí wèn hé gù sì yuē lín sāng ér yán
曰："勿为也。"子皮问何故，姒曰："临丧而言
jià bù xí lǐ yě zǐ bù kě yǐ wéi xiàng zǐ pí yuē sì
嫁，不习礼也，子不可以为相。"子皮曰："姒
yù jià hé bù zǎo yán sì yuē wú qǐ yù yǐ jià zhī gù
欲嫁，何不早言？"姒曰："吾岂欲以嫁之故，
shǔ zǐ hū zǐ bù xí yú lǐ ér xiàng guó fēi yǒu tiān jiù bì yǒu
数子乎？子不习于礼而相国，非有天咎③，必有
rén huò zǐ pí bù tīng jìng wéi xiàng wèi jī nián guǒ bèi zhū
人祸。"子皮不听，竟为相，未期年④，果被诛。

【注释】①**姒**：古代称丈夫的嫂子或年长之妾。②**异日**：不在同一天；隔日。③**咎**：灾祸。④**期年**：一年。

【译文】周朝时候，鲁国公乘子皮的姐姐，因为族里的人死了，哭得十分悲伤。公乘子皮劝她道："放心吧姐姐，我会早点把你嫁出去的。"几天之后，公乘子皮对姐姐说："鲁国的国君想立我为宰相。"姐姐说："你还是不要去的好。"公乘子皮就问为什么，姐姐说："你之前当着人家的丧事谈论出嫁的事情，这样是不合礼的，你这样是不能去当宰相的。"公乘子皮就说："姐姐你自己想嫁人，为什么不早说呢？"姐姐说："我难道要嫁人就责备你吗？你不懂礼而去做丞相，如果没有天灾，也一定会有人祸。"公乘子皮不肯听她的，最终还是做了鲁国的宰相，不到一年，果然被杀了。

qī shí sì　mèng guāng jǔ àn

七十四　孟光举桉

【原评】吕坤谓女子之爱憎，色居其先，而德为轻，此俗子庸夫，淫邪之陋识也。孟光貌陋而梁鸿贫，二人者以德相求，鸿不丑光之色，光不厌鸿之家。至于绮罗脂粉，亦愠不使御。鸿之心岂以色为重轻哉！

hàn liáng hóng qī mèng guāng zì dé yào féi chǒu ér hēi lì
【原文】汉梁鸿妻孟光，字德耀，肥丑而黑，力
néng jǔ shí jiù nián sān shí jià hóng shǐ yǐ zhuāng shì rù mén
能举石臼①。年三十，嫁鸿，始以装饰入门，
qī rì ér hóng bù dá guāng nǎi gēng wéi zhuī jì zhuó bù yī cāo
七日而鸿不答。光乃更为椎髻②，着布衣，操
zuò ér qián hóng dà xǐ yuē cǐ zhēn liáng hóng qī yě yǔ gòng
作而前。鸿大喜曰："此真梁鸿妻也。"与共
yǐn bà líng shān zhōng hòu yòu shì wú yī dà jiā gāo bó tōng
隐霸陵山中③。后又适吴④，依大家皋伯通，
jū wǔ xià wèi rén lìn chōng hóng měi guī guāng wèi jù shí wèi
居庑下⑤，为人赁舂。鸿每归，光为具食，未
cháng yǎng shì jǔ àn qí méi bó tōng chá ér yì zhī yuē bǐ
尝仰视，举案齐眉⑥。伯通察而异之，曰："彼
yōng zhī qī néng jìng qí fū ruò shì yē nǎi shè zhī yú jiā
佣之妻，能敬其夫若是耶！"乃舍之于家。

【注释】①**石臼**：用石凿成的舂米谷等物的器具。②**椎髻**：一撮之髻，其形如椎。③**霸陵山**：在陕西西安市长安县。④**吴**：今泗阳县以南及浙江嘉湖地区等地。⑤**庑**：堂下周围的走廊、廊屋。⑥**案**：有脚的托盘。

【译文】汉朝时候，梁鸿的妻子孟光，字德耀，长得很胖，相貌丑陋，且肤色黝黑，她力气很大，能把舂米的石臼举起来。孟光三十岁的时候嫁给了梁鸿，刚嫁来的时候，打扮得很好，七天梁鸿都没有和她讲话。于是孟光就改换了服饰，头上挽了一个椎一样的发髻，穿着粗布的衣服，做着家务。梁鸿看了十分高兴地说："这才是我梁鸿的妻子啊。"于是夫妻二人一同隐居在霸陵山。后来到了吴地，住在大户人家皋伯通的廊屋里，靠替别人舂米过日子。每天梁鸿从外面回来，孟光就为他准备好饭菜，总是恭敬地低着头，举起碗碟的时候一定和自己的眉毛同高，表示尊敬。皋伯通看到这举动后十分惊异，说道："一个工人的妻子都能够如此敬重她的丈夫！"于是就请他们住在自己家里。

qī shí wǔ　xù mǔ fāng ròu
七十五　续母方肉

【原评】吕坤谓人未有心正而事邪者，亦未有事慎而心苟者。陆续母切肉未尝不方，断葱以寸为度，即此二事。而其平生之端方，言动之敬慎，可以类推矣。吾故录之，以为妇女者取法焉。

hàn lù xù mǔ wú rén zhì jiā yǒu fǎ xù wéi tài shǒu
【原文】汉陆续母，吴人，治家有法。续为太守
yǐn xīng mén xià yuàn shí chǔ wáng yīng móu fǎn shì lián xù dǎi xì
尹兴门下掾①，时楚王英谋反，事连续，逮系
luò yáng yù mǔ zì wú zhì luò yáng wú yuán jiàn xù dàn zuò shí
洛阳狱。母自吴至洛阳，无缘见续，但作食
kuì zhī xù duì shí bēi qì bú zì shēng shǐ zhě wèn qí gù xù
馈之②。续对食悲泣不自胜，使者问其故，续
yuē mǔ lái bù dé xiāng jiàn shì yǐ bēi ěr shǐ zhě wèn hé
曰："母来不得相见，是以悲耳。"使者问何
yǐ zhī zhī xù yuē mǔ qiē ròu wèi cháng bù fāng duàn cōng yǐ cùn
以知之，续曰："母切肉未尝不方，断葱以寸
wéi dù shì yǐ zhī zhī shǐ zhě fǎng zhū yè shè guǒ rán jiā
为度，是以知之。"使者访诸谒舍③，果然，嘉
zhī wèi shàng shū shù xù xíng zhuàng xù dé shè huán
之，为上书述续行状，续得赦还。

【注释】①**掾**：原为佐助的意思，后为副官佐或官署属员的通称。②**馈**：赠送。③**谒舍**：客舍。

【译文】汉朝陆续的母亲，是吴地人，她治理家政井井有条，讲究礼法。陆续在太守尹兴的门下做属官，这时候楚国的王英造反，事情牵连到了陆续，于是就逮捕陆续进了洛阳的监狱。陆续的母亲从吴地来到洛阳，没有机会到监狱里亲自探望陆续，只能亲手做了吃的送进去。陆续对着母亲做的饭菜哭个不停，朝廷的使者就问他为什么哭，陆续回答说："母亲来了，我却不能见到她，所以觉得很悲伤。"使者就问他怎么知道他母亲来了，陆续说："母亲切肉一定要方正，切葱也一定是一寸长，所以我知道是我的母亲来了。"于是使者去旅馆一问，果然是他的母亲来了，十分赞赏他，于是就为他上书给皇上，说陆续的品行很好，这件事情是冤枉的，于是陆续被赦免了罪过。

qī shí liù lǐ guī zūn jì
七十六 礼珪尊祭

【原评】礼珪之礼教多矣。出语必称先姑成法，一也；姑为母师，习其遗教，二也；二妇豪富，敕其亲劳，三也；从孙微慢，即抑绝之，四也；乱中，宗表见，必侍从，五也；四时祭祀，亲具牲酒，六也；宜其妇亦有母师行矣。

hàn chén shěng qī yáng lǐ guī shēng èr nán zhǎng qǔ zhāng dù liáo
【原文】汉陈省妻杨礼珪，生二男。长娶张度辽
nǚ huì yīng shào qǔ xún shì jiē guì jiā háo fù cóng bì qī bā
女惠英，少娶荀氏，皆贵家豪富，从婢七八①，
zī cái zì fù lǐ guī yǐ qí gū yí jiào chì èr fù gōng rèn
资财自富。礼珪以其姑遗教②，敕二妇躬任
láo kǔ èr fù zài bài shòu jiào zòng sūn fèng shàng wēi màn lǐ guī
劳苦③，二妇再拜受教。从孙奉上微慢，礼珪
yì jué zhī gǎn wù gǎi guò zāo luàn liú xíng zōng biǎo yù jiàn zhī
抑绝之，感悟改过。遭乱流行，宗表欲见之，
bì zì yán chì cóng zǐ sūn shì bì nǎi yǐn jiàn zhī yuē cǐ
必自严饬，从子孙侍婢，乃引见之，曰："此
xiān gū fǎ sì shí jì lǐ qīn zì yǎng shēng niàng jiǔ yuē
先姑法。"四时祭礼④，亲自养牲酿酒，曰：
fú jì lǐ zhī zūn yě nián bā shí jiǔ zú
"夫祭，礼之尊也。"年八十九卒。

【注释】①**从婢**：侍婢。②**姑**：丈夫的母亲，婆婆。③**敕**：告诫。④**四时**：四季。

【译文】汉朝时候，陈省的妻子名叫杨礼珪，她生了两个儿子。大儿子娶了张度辽的女儿惠英，小儿子娶了荀家的女儿，两个媳妇的娘家都是地位尊贵并且有钱的，光是陪嫁的丫环就有七八个，嫁过来的时候资产财富也很多。杨礼珪仍然用了她婆婆传下来的家教教导两个媳妇，告诫两个媳妇要刻苦耐劳，两个媳妇下拜着受了教诲。杨礼珪有个堂孙，他侍奉长辈稍微有些傲慢，杨礼珪就与他断绝了往来，这个堂孙就醒悟到自己的过错然后改正了。后来时局动乱，有宗族或表亲想来见她，她一定要把自己严格地整饬一番，身后跟着子孙和丫环，然后才见面，她说："这是我过世的婆婆传下来的家法。"每逢四时八节祭祀祖先，她都要亲自蓄养牲畜，酿造好酒，她说："祭祀是礼法里最尊贵的大事。"她活到了八十九岁。

qī shí qī　táo zhàn kuǎn bīn
七十七　陶湛款宾

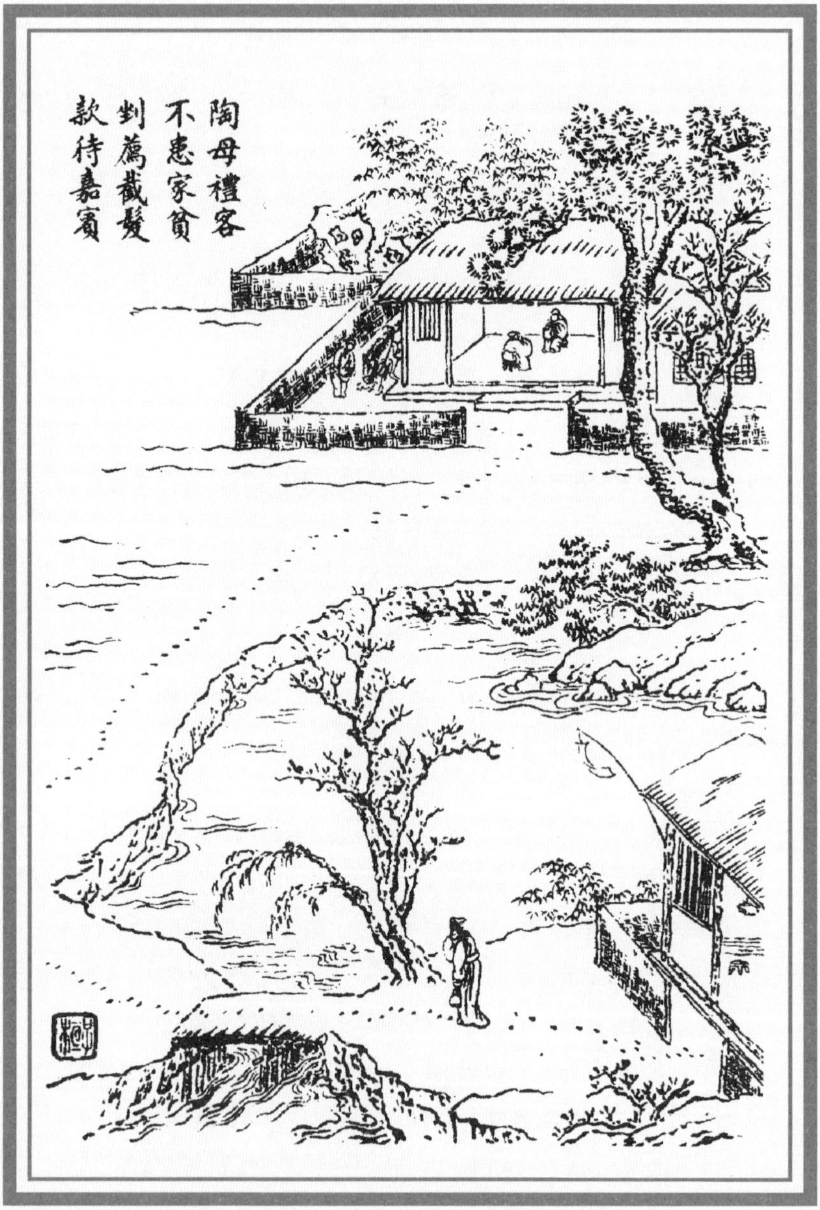

【原评】吕坤谓读《诗》见《鸡鸣》，妇人欲成夫德，至解杂佩。陶母爱子，剉荐断发以延，不更切哉。子也何以慰母心，友也何以答母意乎？世之礼客如陶母者诚稀，而为友者，果能益人之子，足当陶母之情否耶？

jìn táo kǎn mǔ zhàn shì guī kǎn fù dān wéi qiè táo jiā pín
【原文】晋陶侃母湛氏，归侃父丹为妾。陶家贫
jiàn zhàn shì měi fǎng jì zī jǐ zhī shǐ kǎn jié jiāo shèng jǐ zhě
贱，湛氏每纺绩资给之，使侃结交胜己者，
bīn zhì zhé kuǎn yán bú yàn yī rì dà xuě pó yáng xiào lián fàn
宾至，辄款延不厌①。一日大雪，鄱阳孝廉范
kuí sù yān mǔ nǎi chè suǒ wò xīn jiàn zì cuò jǐ qí mǎ
逵宿焉②，母乃撤所卧新荐③，自剉给其马④。
yòu mì jié fà mài yǐ gōng yáo zhuàn kuí wén zhī tàn yuē fēi
又密截发，卖以供肴馔。逵闻之，叹曰：“非
cǐ mǔ bù shēng cǐ zǐ kǎn hòu wéi xún yáng xiàn lì jiān yú
此母不生此子。”侃后为浔阳县吏⑤，监鱼
liáng yǐ yī gān zhǎ wèi mǔ mǔ fēng huán yǐ shū zé kǎn yuē
梁⑥，以一坩鲊遗母，母封还，以书责侃曰：
ěr wéi lì yǐ guān wù wèi wǒ shì zēng wǒ yōu yǐ
“尔为吏，以官物遗我，是增我忧矣。”

【注释】①**款延**：款待。②**鄱阳**：江西县名。③**撤**：除去。**荐**：草席，垫子。④**剉**：铡切。⑤**浔阳**：在今江西九江市浔阳区。⑥**鱼梁**：拦截水流以捕鱼的设施。以土石筑堤横截水中，如桥，留水门，置竹笱或竹架于水门处，拦捕游鱼。

【译文】晋朝时，陶侃的母亲湛氏，当初是嫁给陶侃的父亲陶丹做妾的。陶家非常贫穷，湛氏每次都把纺纱织布的钱交给陶侃，叫他结交比自己更好的朋友，客人来了，她就非常殷勤地款待他们。有一天下了大雪，鄱阳的孝廉范逵在陶家过夜，湛氏就把自己床上新作的草席，割断了给他的马做草料。又悄悄地减掉自己的头发去卖，用卖得的钱准备酒菜。范逵听说了以后，哀叹着说：“只有这样的母亲才生得出这样的儿子啊。”陶侃后来做了浔阳县吏，掌管鱼梁，一次把一条坩鲊鱼送给他的母亲吃，湛氏就原封不动地还给他，并写了一封信斥责陶侃道：“你做了官，就把公家的东西拿来给我，是给我添加忧愁。”

qī shí bā　mào dé shuāng jū

七十八　茂德孀居

【原评】于茂德青年守节，不出户庭，断绝亲族往来，终身不听声乐，此守礼之正者。然而孀居，少妇之能知此者鲜矣。况其生长膏腴，年甫十四，已动遵礼度乎。宗党敬之，门闾表之，青史传之，礼所生也。

běi zhōu dà zuǒ fǔ yú shí nǚ zì mào dé nián shí sì
【原文】北周大左辅于实女①，字茂德，年十四，
shì hán jì wéi qī shēng zhǎng gāo yú dòng zūn lǐ dù gōng jiǎn
适韩觊为妻。生长膏腴②，动遵礼度，躬俭
yuē zōng dǎng jìng zhī nián shí bā jì cóng jūn mò mào dé āi huǐ
约，宗党敬之。年十八，觊从军没，茂德哀毁
gǔ lì tòng gǎn xíng lù jí miǎn sāng fù yǐ qí yòu shào wú
骨立③，恸感行路。及免丧，父以其幼少无
zǐ yù jià zhī shì bù xǔ suì yǐ fū niè zǐ shì lóng wéi sì
子，欲嫁之，誓不许。遂以夫孽子世隆为嗣④，
shēn zì fǔ yù zú néng chéng lì zì shuāng jū hòu jué qīn zú wǎng
身自抚育，卒能成立。自孀居后，绝亲族往
lái yǒu zūn jiù xǐng yè zhě yíng sòng jiē bù chū hù tíng shū shí
来，有尊就省谒者，迎送皆不出户庭。蔬食
bù yī bù tīng shēng yuè zhōng shēn zhào biǎo mén lǘ
布衣，不听声乐终身。诏表门闾。

【注释】①**北周**：北朝之一，公元557-581，鲜卑人宇文觉所建。②**膏腴**：肥沃。③**骨立**：形容人消瘦到极点。④**孽子**：庶子，非正妻所生之子。

【译文】北周时，大左辅于实的女儿，字茂德，十四岁时许配给韩觊为妻。于茂德虽然生长在富贵人家，但她的一举一动都符合礼节法度，为人勤俭节约，宗族里的人都非常敬重她。十八岁的时候，韩觊在战场上牺牲了，于茂德悲痛至极，消瘦到皮包骨头，恸哭的声音连路上的行人听了都会悲伤。等到她守完丧，于茂德的父亲因为她还年轻并且没有孩子，就想让她改嫁，于茂德发誓不肯改嫁。于是就叫她丈夫的庶子韩世隆过继给她做儿子，亲自抚育，后来韩世隆终于长大成人。自从她守寡以后，断绝了亲戚宗族的一切往来，有去看望她的人，她出迎相送都不走出庭院。吃着简单的饭菜，穿着粗布衣服，一辈子不听音乐。后来皇上下诏嘉奖她的节行。

qī shí jiǔ zhèng cuī yè jì

七十九 郑崔夜绩

【原评】郭爕熙谓郑母诫子，与敬姜吻合。彼云使僮子备官而未之闻，此云天下事何由济。彼云自上以下，谁敢淫心舍力；此云自皇后及大夫士妻，有惰业者，是为骄逸。敬姜博达知礼，郑母其善学敬姜哉。

suí zhèng shàn guǒ mǔ cuī shì zǐ wéi fāng yuè xí fēng gōng
【原文】隋郑善果母崔氏，子为方岳①，袭封公，
mǔ héng fǎng jì měi yè fēn ér qǐn shàn guǒ yuē ér fēng hóu
母恒纺绩，每夜分而寝②。善果曰：“儿封侯
kāi guó zhì fèng xìng zú mǔ hé zì qín ruò cǐ mǔ yuē
开国，秩俸幸足③，母何自勤若此？”母曰：
wú wèi rǔ zhī tiān xià lǐ jīn wén cǐ yán gōng shì hé yóu jì
“吾谓汝知天下理，今闻此言，公事何由济
hū jīn zhì fèng nǎi tiān zǐ bào rǔ xiān rén xùn mìng yě dāng fàng
乎？今秩俸，乃天子报汝先人殉命也，当放
shàn liù yīn wéi xiān jūn zhī huì zhì sī xǐ fǎng jì fù rén
赡六姻④，为先君之惠。至丝枲纺绩⑤，妇人
zhī wù zì huáng hòu jí dà fū shì qī ruò duò yè zhě shì wéi
之务，自皇后及大夫士妻，若惰业者，是为
jiāo yì wú suī bù zhī lǐ qí kě zì bài míng hū
骄逸。吾虽不知礼，其可自败名乎？”

【注释】①**方岳**：四方之山岳，侯国。②**夜分**：夜半。③**秩俸**：秩禄。④**赡**：供给人财物。**六姻**：六亲。⑤**枲**：大麻的雄株，只开雄花，不结果实，称“枲麻”。

【译文】隋朝时，郑善果做了大官，袭承了公爵，母亲崔氏依旧每日纺纱织布，每晚到半夜才去睡觉。郑善果说：“儿子我已经做了官，封了侯，所得的俸禄也很充足，母亲您何必这么勤奋辛苦呢？”崔氏回答道：“我从前以为你已经懂得了天下的大道理，如今听这番话，你还没有明白道理，怎么可以处理国家的大事呢？你今天领的俸禄，是皇上为回报你的祖先以身殉国，你应当把这些俸禄分给六亲，表示这是先人的恩惠。至于纺纱织布，本来就是妇女的分内事，上到皇后，下至大臣和读书人的妻子，如果有懈怠的，就是骄逸的行为了。我虽然不懂礼法，难道能败坏自己的名声吗？”

bā shí　chǔ yuán bù wéi

八十　楚媛不违

【原评】礼，与其奢也宁俭。楚媛非特好礼行礼已也，其孝德尤可嘉矣。武氏专政，纪王以非罪徙死，主号恸呕血数升。既免丧，绝膏沐者二十年。中宗复辟，上书讼王冤，乃得昭雪，复其官爵，陪葬昭陵焉。

táng jì wáng shèn nǚ chǔ yuán fēng dōng guāng xiàn zhǔ bā suì
【原文】唐纪王慎女楚媛，封东光县主①。八岁，
shèn jí bù gān shí shèn lián zhī dài yuē yǐ yù zhǔ chá
慎疾，不甘食，慎怜之，绐曰："已愈。"主察
yán sè wèi píng yōu rú gù zhǎng shì péi zhòng jiāng shì gū rú mǔ
颜色未平，忧如故。长适裴仲将，事姑如母，
yán fū rú bīn róu mù dì sì cí huì yòu jiàn shí qī lǐ jìng
严夫如宾，柔睦娣姒②，慈惠幼贱。时戚里竞
shē jiàn zhǔ yuē wèi zhī yuē rén shēng zài shì zhì dú qín kǔ
奢③，见主约，谓之曰："人生在适志，独勤苦
hé wéi duì yuē wǒ yòu hào lǐ jīn xíng zhī bù wéi fēi dé
何为？"对曰："我幼好礼，今行之不违，非得
zhì ér hé qiě fù yǐ gōng xùn chéng dé jiāo zòng bài míng kuàng guì
志而何？且妇以恭逊成德，骄纵败名，况贵
chǒng gù tàng lái wù yě kě shì yǐ líng rén hū
宠固傥来物也④，可恃以陵人乎？"

【注释】①**东光**：河北县名。②**娣姒**：妯娌。兄妻为姒，弟妻为娣。③**戚里**：泛指亲戚邻里。**竞**：比赛，互相争胜。④**傥**：无意得之。

【译文】唐朝时候，纪王李慎的女儿李楚媛，被封做东光县主。楚媛八岁的时候，纪王得了病，她忧愁得连饭也吃不下，纪王很疼惜她，就骗她说："我的病已经痊愈了。"楚媛观察他的脸上仍有病色，依旧忧心忡忡。楚媛长大以后许配给裴仲将做妻子，侍奉婆婆像对待自己的亲生母亲，对待丈夫如同对待宾客般尊敬，她对妯娌温柔和睦，对待小辈慈祥仁爱。当时亲戚邻里崇尚奢侈，他们看见楚媛家里依旧很俭约，就对她说："人活在世上，最重要的就是舒适，你这么勤恳辛苦是为了什么呢？"楚媛回答说："我从小崇尚礼法，如今我也不去违背，这不是达到了我的志向吗？况且妇人以恭敬谦逊而形成好的德行，骄奢放纵会败坏她的名声，更何况富贵和恩宠本来就是无意得之，难道可以恃此去欺凌别人吗？"

bā shí yī chén zhèng shēn jiào
八十一　陈郑申教

【原评】陈郑氏赋性聪敏，幼好读书，长益不倦。每览先圣垂言，前贤行事，未尝不三复抚躬，而欲并余芳，步遗躅焉。因恐女侄之不娴于礼，而作《女孝经》，以申执巾之礼。卒至千秋传诵，岂特其女侄受惠也哉？

táng chén miǎo qī zhèng shì qí nǚ zhí cè wéi yǒng wáng fēi
【原文】唐陈邈妻郑氏，其女侄策为永王妃①。
shì lǜ qí shào zhǎng guī wéi bù xián shī lǐ yù jiào yǐ wéi fù
氏虑其少长闺闱，不娴诗礼②，欲教以为妇
zhī dào shēn yǐ zhí jīn zhī lǐ nǎi shù jīng shǐ zhèng yì zǔ
之道，申以执巾之礼③。乃述经史正义④，祖
hàn cáo dà gū zhī yán biān nǚ xiào jīng shí bā zhāng gè wéi
汉曹大家之言⑤，编《女孝经》十八章，各为
piān mù yī rú xiào jīng zhāng tǐ yīn zuò biǎo zòu wén lüè wèi
篇目⑥，一如《孝经》章体，因作表奏闻。略谓
tiān dì zhī xìng guì gāng róu fū fù zhī dào zhòng lǐ yì rén yì lǐ
天地之性贵刚柔，夫妇之道重礼义，仁义礼
zhì xìn shì wèi wǔ cháng wǔ cháng zhī zhǔ zài yú xiào hòu qí shū
智信，是谓五常，五常之主在于孝。后其书
dà xíng yú shì jiā tíng zhī jiān huò yì bù shǎo
大行于世，家庭之间，获益不少。

【注释】①**策**：古代帝王对臣下封土、授爵或免官。②**娴**：熟练，娴习。③**执巾**：古时为人妻妾的谦辞。④**述**：修纂，著述。⑤**祖**：效法；承袭。⑥**篇目**：书籍中篇章的标题。

【译文】唐朝人陈邈的妻子郑氏，她的侄女嫁给永王，被册封为妃子。郑氏担心她的侄女从小生长在闺房深处，不熟悉诗书礼义，想教她做妇人的道理和服侍丈夫的礼节。于是就搜集了经史中的义理，效仿汉朝曹大家的语言，编撰了一部十八章的《女孝经》，每章都有单独的标题，和孔子《孝经》的体例相同，并上书给皇上。书里大概讲了天地之间的本性刚柔，夫妇间相处的道理重在礼义，仁义礼智信就是所谓的五常，五常的首要就是孝。后来这部书在世间非常流行，家家户户都受益良多。

bā shí èr dù hòu lǐ fǎ

八十二 杜后礼法

【原评】五代之际，礼法荡然，故每不再传而易祚。宋太祖当五代之末，受周之禅，若非杜太后治家有礼，教子有方，安知其不蹈覆辙乎？观其尊为太后，时当朝贺，犹剀切教子，宜太祖之孝悌兼全也。

sòng tài zǔ zhào kuāng yìn mǔ dù shì zhì jiā yì yǒu lǐ
【原文】宋太祖赵匡胤母杜氏，治家毅①，有礼
fǎ shēng wǔ zǐ tài zǔ qí cì yě tài zǔ jí wèi zūn dù shì
法。生五子，太祖其次也。太祖即位，尊杜氏
wéi tài hòu dì bài yú diàn shàng qún chén chēng hè tài hòu qiǎo rán
为太后，帝拜于殿上，群臣称贺，太后愀然
bú lè zuǒ yòu jìn yuē chén wén mǔ yǐ zǐ guì jīn zǐ wéi
不乐②。左右进曰：“臣闻母以子贵，今子为
tiān zǐ hú wéi bú lè tài hòu yuē wú wén wéi jūn nán tiān
天子，胡为不乐？”太后曰：“吾闻为君难，天
zǐ zhì shēn shù zhào zhī shàng ruò zhì dé qí dào zé cǐ wèi kě
子置身庶兆之上，若治得其道，则此位可
zūn gǒu huò shī yù qiú wéi pǐ fū bù kě dé shì wú suǒ yǐ
尊，苟或失驭③，求为匹夫不可得，是吾所以
yōu yě tài zǔ jìng shòu jiào
忧也。”太祖敬受教。

【注释】①**毅**：果断绝决。②**愀**：脸色改变，多指悲伤、严肃。③**驭**：节制。

【译文】宋太祖赵匡胤的母亲杜氏，治家刚毅，讲究礼法。她生了五个儿子，宋太祖是第二个。宋太祖做了皇帝后，尊杜氏为皇太后，皇帝在宫殿里向她下拜，大臣们跟着道喜，太后却神态严肃，不高兴的样子。太后左右侍奉的人就对她说：“我听闻母亲的地位会随着儿子地位的提升而变得尊贵，如今您的儿子贵为天子，为什么您还这么闷闷不乐呢？”太后答道：“我听说做皇帝是很不容易的事，天子在万民之上，如果把国家治理得不错，那么地位当然是尊贵的；如果失了节制那么就连想当一个普通的百姓都当不了。所以我很忧愁啊。”宋太祖听说后，恭敬地接受了母亲的教诲。

bā shí sān　jīng guó shòu jiù
八十三　荆国寿舅

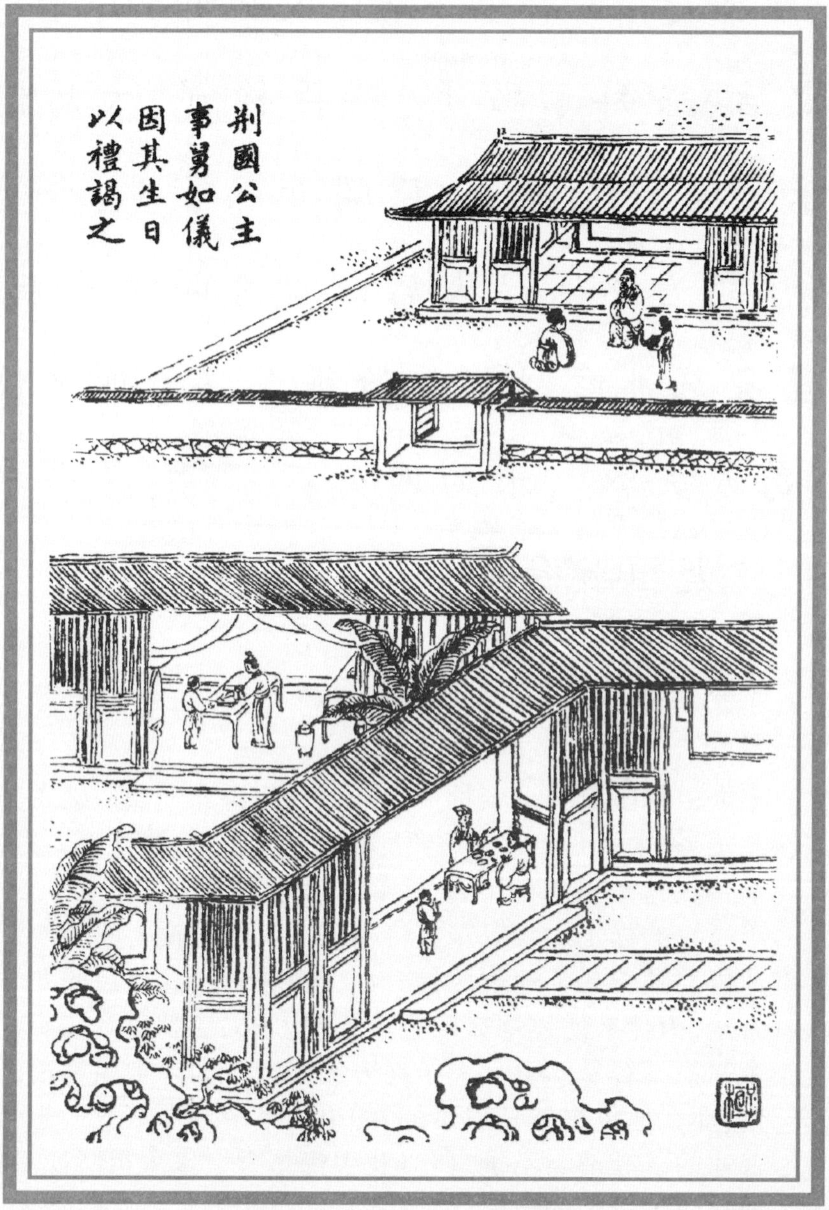

【原评】荆国之事舅，尽其礼矣。而其事夫之尽礼，亦足述焉。当遵勖守许州，得暴疾，主亟驰视之。后居夫丧，衰麻未尝去身，服除，不复御华丽。尝燕禁中，真宗亲为簪花，辞曰："自誓不复为此久矣。"其守礼如此。

sòng jīng guó gōng zhǔ tài zōng nǚ yě yòu bú hào nòng
【原文】宋荆国公主①，太宗女也，幼不好弄②。
tài zōng cháng fā bǎo zàng zòng zhū nǚ zé qǔ yǐ guān qí zhì zhǔ
太宗常发宝藏，纵诸女择取，以观其志，主
dú wú suǒ qǔ jí zhǎng shàn bǐ zhá xǐ tú shǐ néng wéi gē
独无所取。及长，善笔札③，喜图史，能为歌
shī yóu jīng nǚ gōng jià dū wèi lǐ zūn xù jiù zhì xuǎn shàng
诗，尤精女工。嫁都尉李遵勖④，旧制选尚
zhě jiàng qí fù wéi xiōng dì háng shí zūn xù fù jì chāng wú yàng
者⑤，降其父为兄弟行。时遵勖父继昌无恙，
zhǔ yīn jì chāng shēng rì yǐ jiù lǐ yè zhī zhēn zōng wén mì yǐ
主因继昌生日，以舅礼谒之⑥。真宗闻，密以
jiān yī bǎo dài qì bì zhù qí wéi shòu zūn xù bīn kè jiē yī
缣衣宝带器币⑦，助其为寿。遵勖宾客，皆一
shí xián shì měi yàn jí zhǔ bì qīn shì yōng xī yān
时贤士，每燕集⑧，主必亲视饔饍焉。

【注释】①**荆国**：在今湖北江陵县。②**弄**：戏弄。③**笔札**：札是古代写字用的小木片，后来用笔札指纸笔，又转指书信、文章等。④**都尉**：武官名。⑤**尚**：娶帝王之女为妻。⑥**舅**：丈夫的父亲，公公。⑦**缣**：双丝的细绢。⑧**燕**：饮酒。

【译文】宋朝的荆国公主，是太宗皇帝的女儿，公主年幼的时候就不喜欢嬉戏玩闹。有一次太宗打开了藏着宝藏的库房，叫女儿们随便挑选自己喜欢的东西，暗暗观察她们的志向，只有荆国公主什么都没有拿。她长大后，擅长写文章，爱读书，能作诗，尤其擅长刺绣女工。公主后来嫁给都尉李遵勖为妻，按照从前的制度，凡是娶了公主做妻子的人，对父亲要用对待兄弟的礼节。当时李遵勖的父亲李继昌还活着，公主在李继昌生日那天，用对待公公的礼节去拜见他。真宗皇帝知道这件事后，暗地里送了很多金银珠宝给李继昌祝寿。李遵勖的朋友客人，都是当时有名的贤人，每次聚会的时候，公主都一定亲自去察看给客人的酒饭。

bā shí sì zhāng lǔ jiè shí

八十四 张鲁戒食

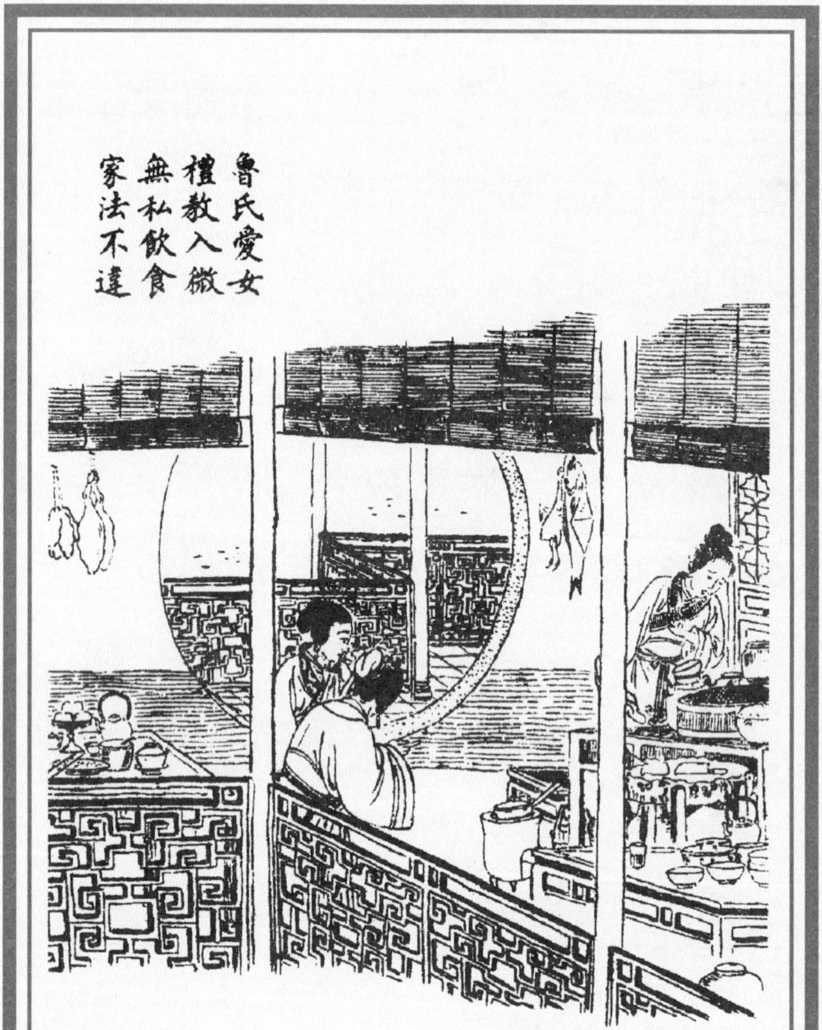

【原评】吕坤曰:“妇人之于女也,在家恣其言动,以嬉狎为欢。既嫁,美其衣食,惟餍足是遂。见姑便以锅釜,惟知感恩,又安问家法可否耶?”若鲁氏者,可为妇人爱女之法。

sòng zhāng dài zhì zhī qī lǔ shì cān zhèng zōng dào nǚ yě
【原文】宋张待制之妻鲁氏①，参政宗道女也②，
qí nǚ dì wéi shēn guó lǚ zhèng xiàn gōng fū rén nǚ gèng pèi qí zǐ
其女弟为申国吕正献公夫人。女更配其子，
zé róng gōng xī zhé yě lǔ shì shèn ài qí nǚ ér jū cháng zhì wēi
则荣公希哲也。鲁氏甚爱其女，而居常至微
xì shì jiào zhī bì yú lǐ rú yǐn shí zhī lèi fàn gēng xǔ gèng
细事，教之必于礼。如饮食之类，饭羹许更
yì yú ròu bú gèng jìn yě jì guī lǚ xī zhé wéi qī yī rì
益，鱼肉不更进也。既归吕希哲为妻，一日，
wǎng shì zhī jiàn shè hòu yǒu guō fǔ zhī shǔ dà bú lè wèi shēn
往视之，见舍后有锅釜之属，大不乐，谓申
guó fū rén yuē qǐ kě shǐ xiǎo ér bèi sī zuò yǐn shí huài jiā
国夫人曰："岂可使小儿辈私作饮食，坏家
fǎ yē qí yán rú cǐ
法耶？"其严如此。

【注释】①**待制**：官名。唐置。太宗即位，命京官五品以上，更宿中书、门下两省，以备访问。永徽中，命弘文馆学士一人，日待制于武德殿西门。②**参政**：参知政事。

【译文】宋朝时，张待制的妻子鲁氏，是参政宗道的女儿，她的妹妹是申国公吕正献的夫人。她的女儿又许配给她妹妹的儿子，也就是荣公吕希哲。鲁氏十分疼爱她的女儿，从家居事务到非常细微的事情，都用礼法教导她。比如吃饭的时候，饭或羹吃完了就可以再添，鱼和肉吃完了就不可以再添。后来女儿嫁给吕希哲为妻，有一天鲁氏去探望她，看见女儿的房间后面有铁锅之类的东西，非常不高兴，就对妹妹申国夫人说："怎么能让小孩子们私自做东西吃，坏了家法呢？"可见她有多严厉。

bā shí wǔ yǐn chén tóng xùn

八十五 尹陈童训

【原评】和靖处士之母,可谓善教矣。谚云:“桑树从小直。”故教子必慎于童时之动止语默,使合于礼,以先入为基。及长,再为择善师而从之。如是则内有母教,外有师训,虽欲其不中矩,不可得也。

sòng yǐn tūn mǔ chén shì chǔ jiā zhěng sù suī pín jù bù wéi
【原文】宋尹焞母陈氏，处家整肃，虽贫窭不为
qī rán tūn tóng shí jí jiào zhī dòng zhǐ yǔ mò shǐ hé yú
戚然①。焞童时，即教之动止语默，使合于
lǐ fǔ zhǎng shòu yǐ jīng yì wén chéng yī chuān xiān sheng yí shàn
礼。甫长，授以经义。闻程伊川先生颐善
jiào shǐ tūn wǎng shī shì zhī jiè zhī yuē xué yǒu běn yuán bì
教，使焞往师事之，戒之曰：“学有本原，必
qiú qí dé gēng fú huò zī fú shē fú guì yě tūn hòu
求其得。耕弗获②，菑弗畲③，弗贵也。”焞后
yìng jǔ fā cè yǔ bú shàn bú duì ér chū yǐ gào qí mǔ
应举，发策语不善④，不对而出。以告其母，
mǔ yuē wú zhī rǔ yǐ dé yǎng bù zhī rǔ yǐ lù yǎng yí
母曰：“吾知汝以德养，不知汝以禄养。”颐
wén zhī yuē xián zāi mǔ yě tūn yú shì zhōng shēn bú yìng jǔ
闻之，曰：“贤哉母也。”焞于是终身不应举⑤。

【注释】①**贫窭**：贫乏，贫穷。**戚然**：忧伤的样子。②**获**：收割庄稼，收获。③**菑**：开垦一年的地。**畲**：开垦三年的地。④**发策**：发出策问。⑤**应举**：参加科举考试。

【译文】宋朝时候，尹焞的母亲陈氏，处理家事严肃整齐，虽然家里贫苦但不感到悲伤。尹焞小时候，陈氏就教导他言谈举止要符合礼义。尹焞长大后，就叫他读圣贤的经书。听说程伊川先生名叫程颐的善于教诲学生，就让尹焞去拜他为师，临走时，陈氏训诫他说：“做学问要寻根求源。耕了田地没有收获，开垦了一年的土地第二年就不继续开垦了，这种没有恒心的学习习惯是不足取的。”尹焞后来参加科举考试，试卷的题目不好，尹焞没有作答就走出了考场。他把这件事告诉母亲，陈氏说：“我只要求你用高尚的德行赡养我，不叫你做官用俸禄来养我。”程颐听说后，赞叹说：“真是贤德的母亲啊。”于是尹焞一辈子没有应考。

bā shí liù xiè hòu duān zhòng
八十六　谢后端重

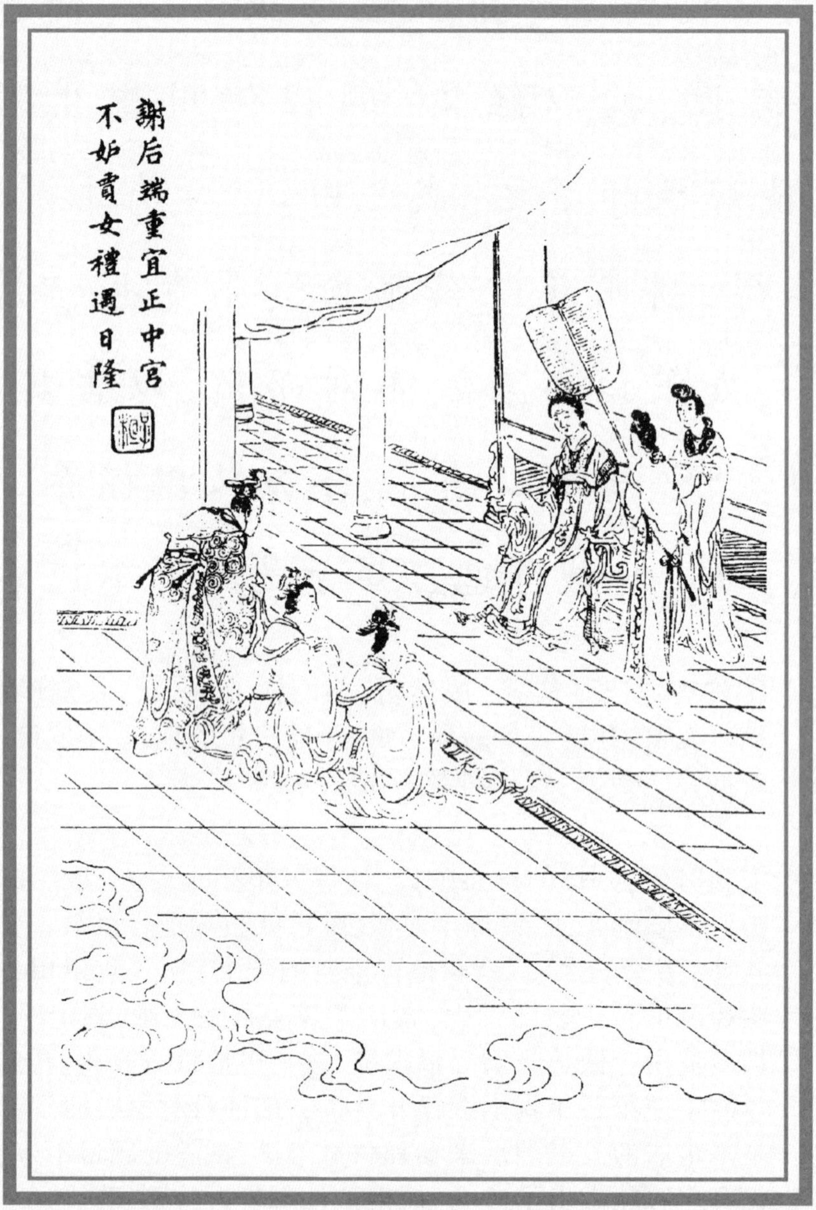

【原评】许止净曰："正位中宫，自是福德甚厚所致。黧黑翳目，正所以保全待字之身，不使轻于作合也。"《孟子》云："天将降大任于是人，必先苦心志，劳筋骨，饿体肤。"命意恰与此同。孰谓人生穷达，彼苍无权乎？

sòng lǐ zōng jí wèi yì zé zhōng gōng yáng tài hòu yǐ xiè
【原文】宋理宗即位，议择中宫①，杨太后以谢
shēn fǔ yǒu yuán jǐ zhī gōng mìng xuǎn xiè shì nǚ shí xiè shì wéi
深甫有援己之功②，命选谢氏女。时谢氏惟
hòu zài shì shēng ér lí hēi yì yī mù nǎi sòng zhī jiù dào
后在室，生而黧黑③，翳一目④，乃送之就道。
xuán bìng zhěn yǐ fū tuì yíng bái rú yù yī yòu qù yì suì
旋病疹已⑤，肤蜕⑥，莹白如玉，医又去翳，遂
yǔ jiǎ shè zhī nǚ tóng rù gōng jiǎ nǚ yǒu shū sè dì yù lì
与贾涉之女同入宫。贾女有殊色⑦，帝欲立
zhī yáng tài hòu yuē xiè shì duān zhòng yǒu fú yí zhèng zhōng
之，杨太后曰："谢氏端重有福，宜正中
gōng jiǎ fēi zhuān chǒng hòu gōng hòu chǔ zhī yù rú bù yǐ jiè
宫。"贾妃专宠后宫，后处之裕如⑧，不以介
huái tài hòu yì xián zhī dì yì lǐ yù rì jiā
怀⑨，太后益贤之，帝亦礼遇日加。

【注释】①**中宫**：皇后。②**援**：扶助。③**黧**：黑里带黄的颜色。④**翳**：眼角膜上所生障碍视线的白斑。⑤**疹**：皮肤上起的小颗粒，通常是红色。⑥**蜕**：脱皮。⑦**殊色**：绝色。指女子特别美丽的姿色。⑧**裕如**：形容从容自如。⑨**介怀**：介意。

【译文】宋理宗做了皇帝，商议择立皇后，杨太后因为谢深甫曾经辅助过自己有功，就叫宋理宗选谢家的女儿做皇后。那时候谢家只有一个女儿，生来皮肤黝黑，一只眼睛上有一层膜包着，只得选了她去。忽然她得了麻疹，脱了一层皮，然后皮肤就像玉一样光滑白嫩，医生又给她除去了眼睛上的膜，于是就和贾涉的女儿一同入宫。贾涉的女儿长得十分美丽，宋理宗想立她做皇后，杨太后不肯，说："谢家的女儿端庄稳重，很有福气，适合做中宫的皇后。"后来贾妃专宠，谢后也能从容应对，并不介意，杨太后因此更加称赞她的贤德，皇帝日益以礼待她。

bā shí qī zhōu cuī xuān xiù
八十七 周崔揎袖

【原评】男女授受不亲，礼也；嫂溺援之以手，权也。书臂非授受之事，出罪等援溺之时，乃以妇人之臂，使人执而书为非。宁予吏以金，请书于纸，是不特惜身如金，且重其身有甚于金矣，殊令人肃然起敬也。

yuán zhōu zhū hè qī cuī shì cóng zhū hè guān píng yáng jīn
【原文】元周珠赫妻崔氏，从珠赫官平阳①。金
bá chéng xià lìng guān shǔ qī zi nì zhě sǐ shí zhū hè yǐ shǐ
拔城②，下令，官属妻子匿者死。时珠赫以使
shì zài shàng dǎng cuī jí bào yòu zǐ zhēn yǐ guǐ jì zì yán yú
事在上党③，崔即抱幼子祯，以诡计自言于
jiàng jiàng xìn zhī shǐ jūn lì shū qí bì chū zhī cuī shì yuē
将。将信之，使军吏书其臂④，出之。崔氏曰：
fù rén bì shǐ rén zhí ér shū fēi lǐ yě yǔ lì jīn qǐng
“妇人臂，使人执而书，非礼也。”予吏金，请
shū zhī zhǐ lì yuē lìng bù gǎn wéi lìng cuī zì xuān xiù
书之纸。吏曰：“令不敢违。”令崔自揎袖⑤，
xuán bǐ ér shū jì chū dé miǎn wèi jǐ zhū hè zú cuī nián èr
悬笔而书，既出得免。未几，珠赫卒，崔年二
shí jiǔ shì bú gēng jià yǒu qiú qǔ zhě huǐ miàn jué zhī
十九，誓不更嫁，有求娶者，毁面绝之。

【注释】①**平阳**：今山西临汾市尧都区。②**拔城**：攻取城池。③**上党**：今山西长治县。④**军吏**：泛指军中的将帅官佐。⑤**揎**：捋起袖子露出胳膊。

【译文】元朝时，周珠赫的妻子崔氏，跟随珠赫到平阳做官。后来金兵攻取平阳，下令说凡是官员的妻子有躲起来的都要处死。当时周珠赫在上党办公事，崔氏就抱着小儿子周祯，对金兵的将领撒了个谎，将领相信了她的话，就叫官员在她的手臂上写个记号然后放她出城。崔氏说：“妇人的手臂，让别人拿着在上面写字，是不合礼节的。”于是给官兵金钱，请他写在纸上。官兵说：“上官的命令我不敢违背。”就让崔氏自己捋起袖子露出胳膊，官员执笔悬空写字，因此得以出城，保全了性命。过了没多久，周珠赫去世了，崔氏才二十九岁，发誓不改嫁，有人来向她求婚，她毁坏了自己的面容拒绝求婚。

bā shí bā　　lǐ hòu yán míng
八十八　李后严明

【原评】许止净谓历史上为后妃者，能约束兄弟家人，已不可多遘，况于其生身之父乎？至能严教帝王之子，虽有小过，不稍宽假，则李后实绝无而仅有。史称万历初政，几于富强，不能不归功李太后也。

míng shén zōng shēng mǔ lǐ tài hòu yuē shù mǔ jiā qí fù wěi
【原文】明神宗生母李太后，约束母家。其父伟

yǒu guò hòu zhào rù gōng qiè zé zhī bù yǐ fù gù wěi zǔ zōng
有过，后召入宫，切责之，不以父故骩祖宗

fǎ jiào dì shèn yán dì bù dú shū jí shǐ cháng guì měi yù
法①。教帝甚严，帝不读书，即使长跪。每遇

jiǎng yán rù cháng lìng xiào jiǎng chén jìn jiǎng yù cháo qī wǔ gēng zhì
讲筵入②，尝令效讲臣进讲。遇朝期，五更至

dì qǐn suǒ zhào dì qǐ dì cháng bèi jiǔ lìng nèi shì gē xīn
帝寝所，召帝起。帝尝被酒③，令内侍歌新

shēng cí bù néng nǎi xì gē qí fà hòu wén zhī chuán yǔ zhāng
声④，辞不能，乃戏割其发。后闻之，传语张

jū zhèng jù shū qiè jiàn lìng wèi dì cǎo zuì jǐ zhá yòu zhào dì
居正，具疏切谏，令为帝草罪己札⑤，又召帝

cháng guì shǔ qí guò dì tì qì qǐng gǎi nǎi yǐ
长跪，数其过，帝涕泣请改，乃已。

【注释】①**骩**：委屈，枉屈。②**讲筵**：讲经、讲学的处所。③**被酒**：因酒醉而身体不爽朗。④**内侍**：在皇帝宫廷侍奉，供使唤的人。⑤**草**：草拟，起稿。⑥**札**：古时写字的小木简。

【译文】明神宗的生母李太后，对自己的娘家约束得很严，不让娘家人胡作非为。一次她的父亲，名叫伟的，有了过失，皇后召他入宫，切切实实地责怪了他一番，并不因为父亲的缘故轻视祖宗的法度。李太后教导神宗十分严厉，神宗皇帝不读书，就让他在地上跪着。每次皇帝从讲学的地方来她这里，都叫皇帝效仿先生讲学的样子复述所学知识。遇到上朝的日子，五更天就到皇帝寝室，叫皇帝起床。皇帝有一次喝醉了酒，叫内侍演唱新的歌曲，内侍推辞说不会，皇帝就戏闹着把他的头发割下来了。太后听闻此事，叫人对宰相张居正传话，叫他上奏劝谏皇上，并替皇上起草一封责罚自己的诏书。李太后又把皇上叫来，叫他跪在地上说自己的过失，皇帝哭着请求改过，太后才准许他起来。

bā shí jiǔ　bái mèng lǐ jiào

八十九　白孟礼教

【原评】是又一程晌妻侯氏矣，侯氏凡诸子有过不掩，卒教二子灏颐，皆成大儒。孟氏诸子有过，必告圭惩之。厥后诸子家京师十余年，食逾千指，内外肃然，无有敢骄泆者，皆孟氏礼教之所致也。

míng bái guī jì qī mèng shì xìng duān jìng guǎ yán xiào měi
【原文】明白圭继妻孟氏，性端静，寡言笑。每
yǐ suí fū huàn dǐ bù dé fèng shì jiù gū wéi hèn fāng wù jiā
以随夫宦邸①，不得奉侍舅姑为恨。方物佳
wèi wèi jì bù cháng cháng wèi rén zǐ bú shàn qí mǔ měi bì hù
味②，未寄不尝。尝谓人子不善，其母每庇护
bù wén yú fù zé zǐ è rì zòng gù zhū zǐ yǒu guò bì gào
不闻于父，则子恶日纵。故诸子有过，必告
guī chéng zhī yù zhū fù yóu yǒu lǐ fǎ shì lì zhōng rì wú gǎn
圭惩之③。遇诸妇尤有礼法，侍立终日无敢
shī róng fán zhōng kuì shì jiē shǐ qīn láo suī jū jīng shī rì
失容。凡中馈事，皆使亲劳。虽居京师④，日
gōng shì cán jì yuē zhū fù jiē chū zì guì jiā wú jiāng shǐ qí
躬事蚕绩，曰：“诸妇皆出自贵家，吾将使其
zhī chéng zhī bú yì shù jī néng jiǎn yuē yě
知成之不易。庶几能俭约也⑤。”

【注释】①**宦邸**：官舍。②**方物**：土产，地方特产。③**惩**：惩处。④**京师**：首都。⑤**庶几**：才能、以便。

【译文】明朝的时候，白圭的后妻孟氏，性格端庄文静，平常很少说话嬉笑。每次跟随丈夫住在衙门，都悔恨不能够在家里侍奉公婆。有美味的好东西，在没有寄给公婆以前，自己不肯先吃。她常常说儿子犯了错，做母亲的每每包庇袒护着不让父亲知道，那么儿子的恶劣行径就越发放纵。因此孩子有过错，一定要告诉白圭，叫他惩罚儿子。孟氏对待媳妇们尤其讲究礼法，整天在她身边侍立着，不敢稍微失了礼貌。凡是家里饮食有关的事情，她都让媳妇们亲自去做。孟氏虽然住在京城，但每天仍旧亲自养蚕绩丝，她说：“媳妇们都来自富贵人家，我要让她们知道东西的来之不易，这样才能让她们勤俭节约。”

jiǔ shí dé fāng sāng jì

九十　德芳丧祭

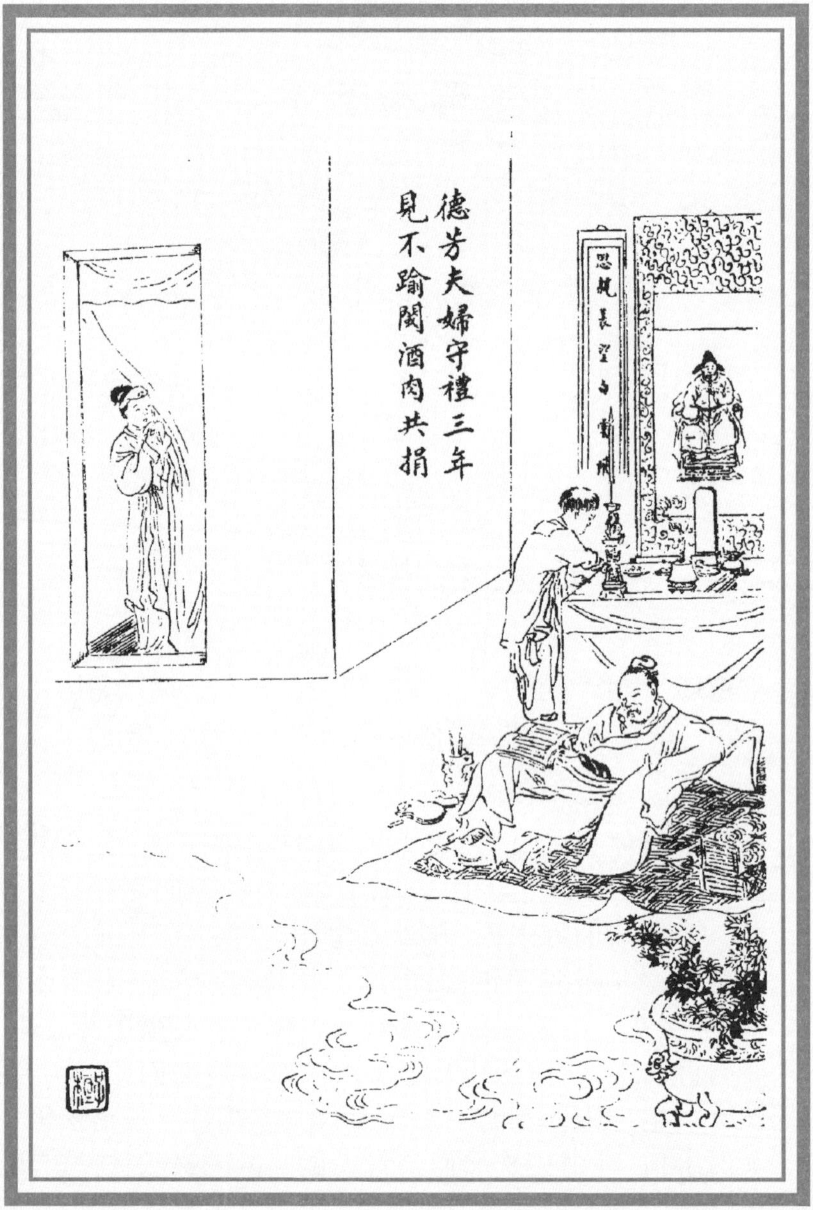

【原评】史载余江氏通《诗》《易》二经，吾谓其且通丧礼祭礼焉。礼、丧则致其哀，祭则致其严。夫有父丧，则不以酒食进，相见不踰阈者三年。夫为尚书，已封夫人，年已垂老，祭祀必手亲蘋藻，非通礼而能若此乎？

míng yú mào héng qī jiāng shì míng dé fāng yòu dú shū tōng

【原文】明余懋衡妻江氏，名德芳。幼读书，通

shī yì èr jīng mào héng zāo fù sāng jié rán shān kuài

《诗》、《易》二经。懋衡遭父丧，孑然苫块①，

bú yù jiǔ ròu zhě sān nián jiāng shì yì bù yǐ jiǔ ròu jìn xiāng jiàn

不御酒肉者三年，江氏亦不以酒肉进，相见

bù yú yù xìng xǐ jiǎn sù zhōng shēn bù yī zhuī jì jiào zǐ

不踰阈②。性喜俭素，终身布衣椎髻③。教子

rú yán shī yǒu guò bì zhàng jì guì qiě lǎo jì sì bì shǒu qīn

如严师，有过必杖。既贵且老，祭祀必手亲

pín zǎo cháng yuē shì rén xiǎng kè fēng ér fèng xiān fēi hé qí

蘋藻④，尝曰："世人享客丰而奉先菲⑤，何其

chuǎn yě yù rén zǐ fù bì yǐ xiào yù rén zhóu li bì yǐ

舛也⑥。"语人子妇必以孝，语人妯娌必以

hé mào héng hòu guān zhì nán shàng shū jiāng shì fēng fū rén yān

和。懋衡后官至南尚书，江氏封夫人焉。

【注释】①**孑然**：形容孤独。**苫**：草帘子，草垫子。**块**：土块。②**阈**：门坎，界限。③**终身**：一生，一辈子。④**蘋藻**：蘋与藻。皆水草名。古人常采作祭祀之用。⑤**菲**：微，薄。⑥**舛**：违背。

【译文】明朝人余懋衡的妻子江氏，名叫德芳。她从小读书，通读了《诗经》和《易经》两部经典。余懋衡的父亲去世了，余懋衡为父亲守孝，独自一人睡草席，枕土块，三年不饮酒，不吃肉，江氏也是如此，夫妻见面也不超过门限。江氏生性喜欢简朴，一生都穿着粗布衣服，头上梳着椎一样的髻子。她教导儿子像严厉的先生一般，孩子有过错一定会杖打他。后来江氏地位尊贵又年长，但每到祭祀祖先的时候，她都要亲手置办祭菜。她常常说："如今的人招待客人菜肴丰盛，祭祀祖先的菜肴却很微薄，这是何等的错误啊。"她对儿子和媳妇讲话，教导他们一定要孝顺；对妯娌们讲话，就教导她们一定要和睦。余懋衡后来官做到南尚书，江氏就被封为了一品夫人。

九十一　朱祝恭敬

jiǔ shí yī　zhū zhù gōng jìng

【原评】祝氏无忝于温良恭敬，宽裕慈惠矣。其事夫也，有顺无拂。即与儿媳及孙男女语，先为和悦笑容，语乃发，驭下亦然。终其身无怒色，无论讪谤鞭笞也。夫与子同年举孝廉，垂老而操作如故，尤可风矣。

míng zhū dào xíng qī zhù shì nián shí sān jí yī qí gū wú

【原文】明朱道行妻祝氏，年十三，即依其姑吴

shì jiā pín wú zāng huò wú xī mǐ zhù chuī xīn wú cāo

氏。家贫，无臧获①，吴淅米②，祝炊薪③；吴操

jiù zhù jī jǐng wú féng rèn zhù huàn dí wú xìng jiǎn ruò

臼，祝汲井④；吴缝纫，祝浣涤⑤。吴性俭，爇

dēng niǎn cǎo xì rú fà wèi shěng gāo yě zhǔ míng bú gèng jǔ

灯⑥、捻草细如发，为省膏也⑦。煮茗⑧，不更举

huǒ chū zhū yú wèng wú yǐ shì chuán zhù zhù yǐ chuán qí fù xú yù

火，出诸余瓮。吴以是传祝，祝以传其妇徐。遇

jì sì biàn míng qǐ sǎ sǎo tíng hù dí jī xí zhì shàn bì

祭祀，辨明起⑨，洒扫庭户⑩，涤几席。治膳必

jié qiě rè yuē guǐ hé zhī shí wéi dé qì ěr pín jiā

洁且热，曰：“鬼何知食，惟得气耳。贫家

zòng bù dé míng zī fēng shèng nài hé bù yǐ qì tuǒ xiān líng hū

纵不得明粢丰盛⑪，奈何不以气妥先灵乎？”

【注释】①**臧获**：奴婢。②**淅**：淘米。③**炊**：烧火。④**汲**：取水。⑤**浣涤**：洗涤。⑥**爇**：烧。⑦**膏**：膏油。⑧**茗**：茶。⑨**辨明**：天刚亮。⑩**洒扫**：洒水扫地;清除。⑪**明粢**：特指祭祀用的谷物。粢盛，古代盛在祭器内以供祭祀的谷物。⑫**妥**：稳妥，妥当。

【译文】明朝时候，朱道行的妻子祝氏，十三岁的时候，就依靠着她的婆婆吴氏生活。家里很贫穷，没有奴婢，婆婆淘米，媳妇生火；婆婆舂米，媳妇就到井里汲水；婆婆做着缝纫，媳妇就洗衣服。婆婆生性节俭，点灯的时候，就把灯芯捻得像头发一样细，来节省灯油。煮茶的时候，不另外生火，只在瓦瓮里用余温热着。这种勤俭节约的做法一直传了三代，吴氏传给祝氏，祝氏又传给她的儿媳妇徐氏。祝氏遇到祭祀祖先的时候，天刚亮就起床，打扫庭院，清洗几桌。做的祭食一定要整齐，并且要冒着热气的，她说：“鬼魂哪里能吃得下东西，不过是得到些热气罢了。我虽然家里贫穷，不能置办丰盛的饭菜，哪里能不用饭菜的热气去安慰祖先，让他们享受呢？”

jiǔ shí èr　jì lǐ ān qiú

九十二　冀李安囚

【原评】元亨受业于王守仁，守仁擒宸濠，内监张忠许泰忌其功，诬以谋反，捕元亨拷掠，使诬服。元亨不承，乃并家属系焉。李氏治麻不释，未见其夫，出之不可，召之不赴。闺门衽席之学，守礼而已，岂有他哉？

míng jì yuán hēng qī lǐ shì wǔ líng rén yuán hēng bèi wū
【原文】明冀元亨妻李氏，武陵人①。元亨被诬，
bìng jiā shǔ xì yù lǐ shì wú yōu bù sè zài yù zhōng yǔ èr
并家属系狱，李氏无忧怖色②，在狱中，与二
nǚ zhì má xǐ bú chuò huò guài wèn zhī lǐ shì yuē wú fū
女治麻枲不辍③。或怪问之，李氏曰：“吾夫
zūn shī lè dào qǐ yǒu tā lǜ zāi hòu shì qiě bái shǒu zhě yù
尊师乐道，岂有他虑哉？”后事且白，守者欲
chū zhī bù kě yuē wèi jiàn wú fū wú chū ān wǎng zhū
出之，不可，曰：“未见吾夫，吾出安往？”诸
liáo fù wén qí xián zhào zhī bú fù jǐ jié yī shì jiù jiàn zhī
僚妇闻其贤，召之，不赴。己洁一室就见之，
zé qiú fú ér jiàn shǒu bú shì má xǐ wèn qí xué yuē wú
则囚服而见，手不释麻枲。问其学，曰：“吾
fū zhī xué bù chū guī mén rèn xí jiān wén zhě sǒng rán
夫之学，不出闺门衽席间④。”闻者悚然⑤。

【注释】①**武陵**：在今湖南常德市武陵区。②**怖**：惶恐。③**麻枲**：指麻的种植、纺绩之事。④**衽席**：引申为寝处之所。⑤**悚**：害怕，恐惧。

【译文】明朝人冀元亨的妻子李氏，是武陵人。冀元亨被诬陷，连同家人一起被关进牢里，李氏没有忧愁恐惧的神色，在监狱里，和两个女儿不停地纺麻绩麻。有的人觉得很奇怪，问她为什么，李氏回答道：“我丈夫平日里尊重老师，以坚持自己的信念为乐，哪里会有让人担忧的事情发生呢？”后来事情真相大白，狱卒想放她出去，她不肯，说：“我还没有见到我的丈夫，叫我出去以后去哪里呢？”诸位做官人的妻子听说了她的贤德，就叫她来见面，她不肯去。自己打扫出了一间房间，请做官的妻子来见面，自己仍旧穿着囚服，手里不停地绩麻。问她丈夫的学问，李氏回答说：“他的学问呀，就是在闺房寝处都不会脱离。”听到这话的人都觉得非常惊异。

jiǔ shí sān zhū wáng nǚ fàn
九十三 朱王女范

【原评】朱王氏洵深娴于礼矣。古者女子出家，父母在则归宁，父母殁则使人问其兄弟而已，所以别嫌也。乃丧其夫后，竟以缟素终身，永绝庆吊，不礼宾客，其守礼别嫌至矣。《女范》十篇，为女子尤不可不读。

míng zhū quán qiú jì qī wáng shì shān xī rén yòu nián sàng
【原文】明朱诠鉨继妻王氏，山西人。幼年丧
mǔ gù zì guī quán qiú hòu jué bù guī níng xiàng fū yǒu lǐ
母，故自归诠鉨后，绝不归宁[1]。相夫有礼[2]，
zhì jiā kè jiǎn cháng yǐ bù jí shì wēng gū wéi hèn měi jì sì bì
治家克俭，尝以不及事翁姑为恨，每祭祀必
zhāi jiè fǔ qián qī zhī nǚ bú chì jǐ chū quán qiú guān zhì zhèn
斋戒。抚前妻之女，不啻己出[3]。诠鉨官至镇
guó jiāng jūn zú wáng shì zhōng shēn gǎo sù yǒng jué qìng diào bù
国将军，卒。王氏终身缟素[4]，永绝庆吊[5]，不
lǐ bīn kè bù jīng yǐn shí yán shǒu kǔn zé zǐ fù bèi yè
礼宾客，不精饮食。严守阃则[6]，子妇辈谒
jiàn bì jiào yǐ xiào tì zhū dà jié jīng shǐ cì zhī zhù yǒu
见[7]，必教以孝弟诸大节，经史次之。著有
nǚ fàn shí piān shèng xíng yú shì
《女范》十篇，盛行于世。

【注释】①**归宁**：回娘家看望父母。②**相**：辅助。③**不啻**：无异于，如同。④**缟素**：丧服。⑤**庆吊**：庆贺与吊慰。亦指喜事与丧事。⑥**阃则**：内室，借指妇女。⑦**子妇**：指儿媳妇。

【译文】明朝人朱诠鉨的后妻王氏，是山西人。她在幼年时候就没有了母亲，因此自嫁给诠鉨后，她绝对不回娘家。王氏侍奉丈夫十分有礼节，勤俭持家，她时常因为不能侍奉公公婆婆而悔恨，所以每次祭祀公婆，她都要斋戒。王氏抚养前妻的女儿，无异于自己亲生的孩子。朱诠鉨官做到镇国将军后就去世了，从此王氏一辈子都穿丧服，也拒绝别人前来庆贺或吊慰，不接待宾客，对自己的饮食也不讲究。王氏对妇女的礼法很严，儿媳妇们来拜见她的时候，她一定要用孝悌等大礼节教诲她们，然后才教导诵读经籍史书。王氏著了一部书，叫做《女范》，在社会上很流行。

jiǔ shí sì　shěn hú jù yī

九十四　沈胡拒医

【原评】古者男女两手不相及，礼也，然病者延医诊视，不在此例也，况胡氏年已五十一乎？乃曰："寡妇之手，岂可令他人视？"宁不药而死，其守礼何如乎！以视宋伯姬遇火，付未至，宁死不行，有过之无不及矣。

míng shěn zhì qī hú shì jiāng jià ér zhì fù liàn sāng zhì

【原文】明沈袠妻胡氏，将嫁，而袠父练丧，袠

bìng ǒu xuè bǐ fú què shǐ hūn hú nián èr shí qī yú liù

病呕血，比服阕始婚①。胡年二十七，逾六

yuè zhì bìng dǔ hū fù kòu zhī hú yuē xiàng wèi hūn shí wú

月，袠病笃，呼妇叩之。胡曰："向未婚时，吾

fù jí kūn dì yí jūn jí bú yù qiǎn wǒ shì bù gǎi jīn rì

父及昆弟疑君疾②，不欲遣，我誓不改，今日

gù suǒ gān xīn zhì zú hú āi kū bù jué shēng jìn chū lián jù

固所甘心。"袠卒，胡哀哭不绝声，尽出奁具

zhì sāng shì yǒu tā fěng zhě duàn fà lí miàn jué zhī wǎn nián rǎn

治丧事。有他讽者，断发剺面绝之③。晚年染

jí jiā rén jiāng yíng yī hú gào qí fù yuē guǎ fù zhī shǒu

疾，家人将迎医，胡告其父曰："寡妇之手，

qǐ kě lìng tā rén shì bú yào ér sǐ

岂可令他人视？"不药而死。

【注释】①**服阕**：守丧期满除服。阕，终了。②**昆弟**：兄弟。③**剺**：割，划开。

【译文】明朝人沈袠的妻子胡氏，将要嫁到沈家的时候，沈袠的父亲沈练去世了，沈袠十分伤心，落下了吐血的毛病，等到守丧结束以后才举行婚礼。这时胡氏都已经二十七岁了，结婚六个月后，沈袠得了很重的病，就叫来了胡氏问她的意思。胡氏说："从前还没结婚的时候，我的父亲和我的兄弟们就疑心你有很难治愈的疾病，不想让我嫁过来，我发誓不肯改嫁，所以即使现在守了寡，我也心甘情愿。"沈袠去世后，胡氏哭泣不绝，拿出了所有的嫁妆办丧事。有人委婉地劝她改嫁，胡氏剪掉头发划破面孔回绝他们。到了年老的时候，生了病，家人要去接医生来给她看病，胡氏不肯，跟她的父亲说："寡妇的手怎么能给其他人看？"于是就不治而死。

jiǔ shí wǔ　　zhāng liú shùn cóng

九十五　张刘顺从

【原评】秦定叟曰："天下无不是底父母，亦无不是底舅姑，特无顺从之子媳耳。虽然，苟顺之，易也。所难者，于所不当为之事，卒能委曲谏止，不陷姑于非礼非义之中，且化姑终成慈爱之誉，是人之所难能尔。"

míng zhāng jìn qī liú shì guì jiā nǚ yě qí gū hàn dù
【原文】明张晋妻刘氏，贵家女也。其姑悍妬①，
yǒu sān xí jūn wéi nüè chū liú nǎi dì sì xí yě yú guī hòu
有三媳，均为虐出，刘乃第四媳也。于归后②，
shèn dé gū yì rén hài jiū qí yóu wéi shùn cóng èr zì fán
甚得姑意，人骇究其由，惟“顺从”二字。凡
yǒu jiào xùn zhǐ shǐ wǎng bù wéi mìng shì zūn jí fēi lǐ zhī shì
有教训指使，罔不唯命是遵，即非礼之事，
huò duàn fēi fù rén suǒ néng wéi zhě dāng mìng zhī shí yì wú tuī
或断非妇人所能为者，当命之时，亦无推
què jiǔ zhī zé jiāng qí shì zhī shì fēi cóng róng qǐng mìng wǎng wǎng
却。久之，则将其事之是非，从容请命，往往
yǒu yán gū wèi cháng bù cóng shì zhī sān nián gū jìng huà wéi cí
有言，姑未尝不从。事之三年，姑竟化为慈，
xù qǔ sān xí bú zài yǐ nüè wén
续娶三媳，不再以虐闻。

【注释】①**悍**：凶悍，凶暴。**妬**：同“妒”。②**于归**：出嫁。

【译文】明朝时候，张晋的妻子刘氏，是富贵人家的女儿。她的婆婆是出了名的凶悍，曾经有过三个媳妇，都被她虐待跑了，刘氏是她的第四个媳妇。刘氏出嫁后，很讨婆婆的喜欢，人们好奇这其中的原因，刘氏回答说秘诀只有“顺从”两个字。凡是婆婆教导和差遣的事情，我都一一遵从，就算是不合礼法的事情，或者是断断不是一个妇人家能做到的事情，如果她叫我做，那么我也决不推辞。过了很久之后，才把这件事情的是非对错，慢慢地告诉婆婆，往往我说的话，婆婆没有一次不听从的。就这样侍奉了她三年，婆婆竟被感化，变得慈善了，又陆续娶了三个媳妇，再也没有发生过虐待的事情了。

jiǔ shí liù zhōu hòu yì jiāo

九十六 周后抑骄

【原评】愍皇后端重有谋，举动以礼，口避政权而不语，心知国计以微言。惜乎崇祯帝十八年来，不听其一语，卒致寇破都城，国亡身缢。令后自裁，后犹领旨惟谨，竟先帝而缢死，殊可悲已。

【原文】明庄烈帝后周氏，其先苏州人[①]，徙大兴[②]，性严慎。尝以京师寇急，微言曰[③]：“吾南中尚有一家居。”帝问从何知之，固不语，至他政事弗与也。田贵妃有宠而骄，后每裁之以礼[④]。岁元日[⑤]，寒甚，田妃来朝，翟车止庑下[⑥]，后故良久，方进御，坐受其拜，拜已遽下，无他言。而袁贵妃之朝也，相见甚欢，与语移时[⑦]。田闻而大恨，向帝泣焉。

【注释】①**苏州**：即今江苏苏州市吴中区、相城区一带。②**大兴**：今北京市大兴区。③**微言**：隐微不显、委婉讽谏的言辞。④**裁**：节制，抑止。⑤**元日**：正月初一。⑥**翟车**：古代后妃乘坐的以雉羽为饰的车子。**庑**：堂下周围的走廊、廊屋。⑦**移时**：经历一段时间。

【译文】明朝崇祯皇帝的皇后周氏，从前是苏州人，后来搬到大兴，她生性端正严谨。后来流贼攻打京城，情况紧急，周后就委婉地对皇上说：“我们南边还有一间居室。”皇上问她从哪里知道的，周后就不肯再说了，周后平日里对国家的政事是一点儿都不参与的。那时候田贵妃仰仗着皇上的宠爱十分骄横，周后每次都能用礼法节制她。有一年的正月初一，天气十分寒冷，田妃来朝见皇后，她的车子已经到了廊下，周后故意过了很久才起来坐上御座，受田妃的朝拜，拜完以后就离开了，一句话都没说。而当袁贵妃来朝见周后时，大家很欢喜地见了面，跟她聊了一会天。田妃听说后十分不满，向皇帝哭诉了很久。

颜回辨志图